Mechanical Mechanism and Optimization of
Lattice Girders in Tunnels

隧道格栅钢架受力机理研究与优化

仇文革　管鸿浩　杨秀权　马　涛　宋琳辉　著

人民交通出版社股份有限公司
北　京

内 容 提 要

本书针对目前我国隧道工程中格栅钢架的设计情况，介绍了格栅钢架主筋直径、腹筋直径、焊缝长度、箍筋以及设计形式对格栅钢架与格栅钢架喷射混凝土结构力学特性的影响，并给出了格栅钢架设计的优化建议。

本书可供土木工程专业隧道及地下工程相关领域科研与工程人员阅读，也可供高等院校相关专业师生作为参考资料使用。

图书在版编目(CIP)数据

隧道格栅钢架受力机理研究与优化 / 仇文革等著. —北京：人民交通出版社股份有限公司，2021.12

ISBN 978-7-114-17079-9

Ⅰ.①隧… Ⅱ.①仇… Ⅲ.①铁路隧道—钢结构—受力性能—研究 Ⅳ.①U459.1

中国版本图书馆 CIP 数据核字(2021)第 029471 号

Suidao Geshan Gangjia Shouli Jili Yanjiu yu Youhua

书　　名：隧道格栅钢架受力机理研究与优化
著 作 者：仇文革　管鸿浩　杨秀权　马　涛　宋琳辉
责任编辑：谢海龙　刘国坤
责任校对：孙国靖　魏佳宁
责任印制：张　凯
出版发行：人民交通出版社股份有限公司
地　　址：(100011)北京市朝阳区安定门外外馆斜街 3 号
网　　址：http://www.ccpcl.com.cn
销售电话：(010)59757973
总 经 销：人民交通出版社股份有限公司发行部
经　　销：各地新华书店
印　　刷：北京虎彩文化传播有限公司
开　　本：787×1092　1/16
印　　张：7.25
字　　数：128 千
版　　次：2021 年 12 月　第 1 版
印　　次：2021 年 12 月　第 1 次印刷
书　　号：ISBN 978-7-114-17079-9
定　　价：38.00 元

前　　言

纵观国内外关于格栅钢架的研究，大多涉及对格栅钢架承载能力与刚度特性的分析，对于格栅钢架设计参数的研究较少，尤其是格栅钢架各组成部分对结构力学特性贡献的研究尚未涉及，并缺乏合理的量化分析指标，以致在隧道施工中格栅钢架无法较好地发挥其承载能力及经济效益。因此，提出科学合理的定量化评价指标、深入研究格栅钢架各组成部分对其力学特性的贡献、在保障施工安全及承载能力的前提下优化设计参数，对指导工程实践、推动技术进步具有重要意义。

本书共分为5章。第1章为绪论，介绍了格栅钢架的设计现状及其存在的问题与不足、格栅钢架力学特征的研究现状、格栅钢架受力机理与结构优化研究的目的与内容；第2章采用模型试验和数值模拟的手段，以格栅钢架、格栅钢架喷射混凝土短构件和格栅钢架喷射混凝土全环结构为研究对象，对格栅钢架主筋直径、腹筋直径、箍筋及焊缝长度的影响进行了参数化分析，对其极限承载力、荷载—位移曲线及破坏模式进行了分析总结；第3章提出了隧道格栅钢架优化指数，对格栅钢架的腹筋直径、焊缝长度、主筋直径、箍筋和设计形式给出了优化建议，并以浩吉铁路为依托工程，对研究成果进行了现场试验段应用与验证；第4章通过现场实测研究了隧道初期支护的受力模式，并基于受力模式对格栅钢架的优化做进一步分析；第5章为结论与展望，总结了格栅钢架受力机理的研究成果和结构优化建议。

希望本书能对我国隧道及地下工程的教学、科研与设计工作有所帮助。限于作者学识水平,书中难免会有诸多不妥和不足之处,敬请广大读者批评指正。

作 者

2021 年 3 月

目　　录

第1章　绪　　论

1.1　研究背景及意义

我国经济迅猛发展，交通、物流等需求日益增加，然而我国的公共基础设施建设质量和建设速度尚不能适应国家经济民生的快速发展，因此大力推进交通土建工程等关系民生发展的基础设施建设就显得格外重要。自改革开放以来，特别是21世纪初的发展规划中，我国对于基础设施的建设力度进一步加大。由于我国地域广阔，地形、地势、地质等因素复杂，因此对于隧道及地下工程的建设要求迫切。一大批具有世界领先水平的隧道工程项目在我国大地延伸，目前我国隧道工程总里程数已居世界各国之首。截至2020年底，我国铁路营业里程达14.5万km。其中，投入运营的铁路隧道16798座，总长19630km。2020年新开通运营线路铁路隧道714座，总长1589km。其中，特长隧道39座，总长约498km。在建铁路隧道2746座，总长6083km，规划铁路隧道6354座，总长16255km。对于高速铁路，截至2020年底，我国已投入运营的高速铁路总长3.7万km。共建成高速铁路隧道3631座，总长6003km。其中，特长隧道87座，总长约1096km。我国正在建设的有隧道工程项目的高速铁路共47条，总长8327km；共有隧道1811座，累计长度约2750km。其中，特长隧道50座，累计长度约645km。我国规划的有隧道工程项目的高速铁路共93条，总长20970km；共有隧道3525座，累计长度约7966km。其中，特长隧道134座，总长1867km。

经济的迅速发展及资源的空间不对称配置，既增加了地域之间的交通需求，又增加了地域内部的空间需求，我国的交通与环境均面临着巨大的压力与挑战。在这种情况下，各种功能类型的地下工程诸如铁路隧道、公路隧道、城市地铁、综合管廊、市政管线、地下商场等逐渐增多。与日俱增的需求既给我国隧道与地下工程的发展带来了机遇，同时也为从事隧道与地下工程的科研、设计、施工等领域的学者或工程师们带来了更多更大的挑战。

自古以来，我国便开始对地下工程进行修建，诸如陕西窑洞、大型陵墓、矿洞等，但对隧道及地下工程设计、施工技术等系统规范的研究起步却比较晚。随着新奥法、新意法等国外隧道工程设计施工经验的引入，我国隧道工程得到了进一步的发展与完善，尤其在山岭隧道方面，形成了一套具有中国特色的设计施工技术标准体系。基于现阶段的规范标准，在隧道及地下工程建设方面，我国已经取得巨大的成就，但隧道结构的设计理念始终未取得较大发展。从众多地下工程设计与施工来看，特别是铁路隧道、公路隧道、地铁等具代表性的地下工程，其支护设计与施工仍然与经验法密不可分，甚至完全依托经验法进行建设。一方面，经验化设计使得有些隧道结构设计过于薄弱，存在较大的安全隐患，给隧道工程的施工建设以及后期运营带来较大安全风险，由此也发生过很多由于衬砌结构设计不合理而导致的重大安全事故，造成了较大的经济损失。另一方面，即更为普遍的情况下，隧道工程的设计参数是偏于保守的，不管是配筋大小还是混凝土用量，此类保守设计虽然能够在隧道工程的安全方面给予足够的保证，但也无疑增加了不必要的工程成本，造成大量的资源浪费。

这种资源的浪费在日益增多的长大隧道上体现得尤为明显。以蒙西至华中地区铁路煤运通道工程（建设期间称为“蒙华铁路”，现称为“浩吉铁路”）为例，浩吉铁路起于内蒙古浩勒报吉，终于江西吉安，全线隧道总计 228 座，隧道总长度为 529km（其中左线总长度为 469km），隧道长度占线路总长度比为 25%；线路中所包含 10km 以上隧道总计 10 座，其中最长的是崤山隧道，长度为 22.8km。隧道穿越地层地质条件复杂，有黄土、砂层、可溶岩、软土、断层破碎带、高承压水第三系地层、煤系地层等。此外，全线隧道按断面行车线数分为单线隧道和双线隧道，按轨道类型分为无砟轨道和有砟轨道，按接触网类型分为刚性悬挂和链性悬挂，按接触网锚固方式分为绝缘锚固和非绝缘锚固，加之曲线段加宽、接触网下锚段加宽、桥隧连接处加宽、燕尾段处理等，致使全线隧道断面类型多种多样，共计 1311 种断面形式，加上围岩类型变化，外加不同的参与设计单位设计风格因单位而异，导致支护设计类型型号繁多，仅初期支护中的钢架型号就多种多样，单元长度、弧度、半径更是层出不穷，为标准化、机械化的施工建设带来诸多不便。

因此，为进一步完善我国隧道及地下工程行业科学设计的规范标准，对隧道结构进行标准化、精细化设计是非常有必要的。标准化即要从大局出发，各个设计单位之间的设计风格要标准化、统一化，对各个围岩条件的隧道结构要标准化、统一化；精细化即要深入分析隧道所处地质条件包括围岩分级、隧道埋深、地下水发育等方面，精细化隧道围岩条件分级，制定科学合理的（受力科学合理、安全科学合理、经济科学合理）设计标准。

在现行各类隧道规范设计规范或细则中，对于隧道整体支护形式给出了一定的设计标准，但对于部分细节设计却过于笼统，这一点在对于隧道钢架设计方面体现得尤为明显。《铁路隧道设计规范》(TB 10003—2016)中,第8.2.2条(含条文说明),根据近些年铁路隧道衬砌通用参考图及国内公路、铁路隧道支护参数统计、类比确定了铁路隧道复合式衬砌需设置钢架的一般情况;第8.2.4条(含条文说明)补充说明了复合式衬砌需设置钢架的情况,并给出了设置钢架时的相关注意事项。《公路隧道设计规范 第二册 交通工程与附属设施》(JTG D70/2—2014)中,第8.2.13~8.2.15条(含条文说明)给出了喷锚衬砌需设置钢架的情况及关于钢架支护的一般规定,并指出钢架支护宜优先选用格栅钢架;第8.4.2条(含条文说明)给出了两车道和三车道复合式衬砌需设置钢架的情况。《公路隧道设计细则》(JTG D70—2010)中,第13.3.15~13.3.18条给出了喷锚衬砌需设置钢架的情况及关于钢架支护设计的相关规定,同时对于格栅钢架的构造参数给了一定的参考范围;第13.4~13.7条分别给出了单洞隧道、小净距隧道、连拱隧道以及抗水压隧道复合式衬砌需设置钢架的情况,其中,抗水压隧道进一步给出了其复合式衬砌所设置钢架的明确规格及布置。但是综合铁路和公路隧道设计规范或细则,对于钢架尤其是格栅钢架构造形式及参数基本未做明确规定,这给格栅钢架的设计与施工带来一定的不便。

基于科学化设计考虑,本书拟通过对隧道初期支护之格栅钢架构造进行系统性研究,旨在寻找科学合理的格栅钢架构造参数及形式,以迈出隧道工程科学化设计的一小步。

1.2 格栅钢架研究现状

格栅钢架(Lattice Girders)也称为格构梁或者网格钢拱架,是随着新奥法(NATM)的发展而出现的支承支护形式。通常以三肢或四肢钢筋与不同设计形式的中央连接筋构成,一般是分段加工并在架设时组装成形,构成件包括主筋、腹筋、中央连接筋、接合角钢、接合端头板、螺栓等。

格栅钢架的历史最早可追溯至1965年,由新奥法创始人L.V.拉布采维茨等人在联邦德国的Schwaihei铁路隧道设计中首次采用,用以代替煤矿式钢拱支撑。格栅钢架与喷射混凝土的契合度高于型钢钢架,安装架设较方便及时,可充分利用围岩自承能力,且强度与刚度适中。格栅钢架虽与新奥法设计理念高度吻合,但当时的使用者对其成功的经验较为保守,致使其发展缓慢,并未得到较大的推广。

直到20世纪80年代,地下工程界才达成共识:格栅钢架有别于型钢钢架的高强特性,具有强度适中、安装方便快捷、成本低廉等优点,是能与围岩形成统一整体的较为合适的初期支护结构形式。随后，在联邦德国、奥地利及瑞士等国广泛推广。1985 年，该技术首次引入我国，应用于大秦线的西坪隧道和军都山隧道，之后又相继在大秦线景忠山隧道、北京地铁复兴门折返线、北京地铁西单车站施工中采用。目前，我国是采用格栅钢架最多的国家。

格栅钢架的应用经验日益成熟，然而相关的文献研究并不多，摘引如下：

1983 年，W. M. Braun 认为格栅钢架、钢筋网及固定装置可以在隧道中提供临时支撑，与喷射混凝土结合得到加强；同时还讨论了格栅钢架在隧道工程中的应用以及对隧道稳定性的影响。

1984 年，T. H. Baumann 和 M. Betzle 对三肢形式的格栅钢架进行研究。该三肢格栅钢拱架采用一根直径 30mm 和两根直径 22mm 的钢筋作为主筋，以“8”字结作为腹筋连接筋(图 1-1)。首先通过加载试验研究，分析了空钢架结构的受力性能；进而通过喷射混凝土测试、透水测试以及抗拔试验验证了格栅钢架与喷射混凝土的黏结性能；最后对格栅钢架在慕尼黑地下工程的应用情况进行了分析总结，认为格栅钢架具有良好的工作性能，在隧道工程中的发展前景广阔。

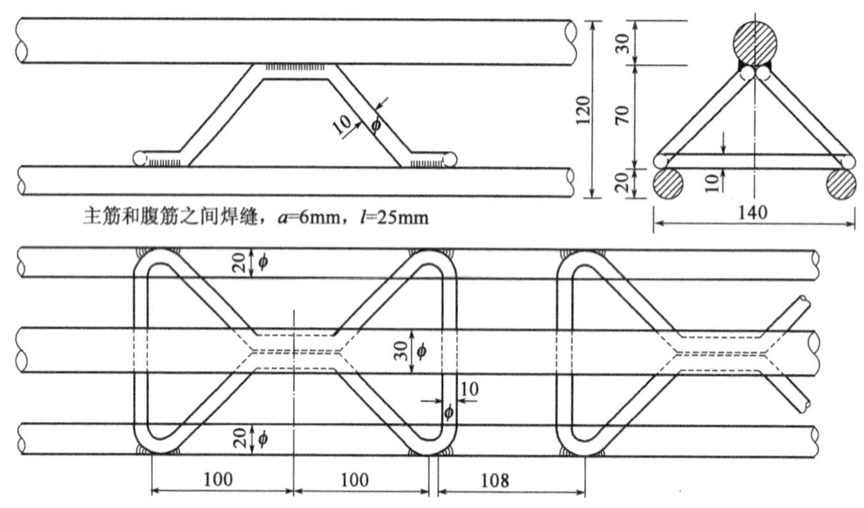

图 1-1　三肢格栅钢架(“8”字结腹筋，尺寸单位：mm)

1996 年，仇文革在模型试验结果基础上，基于格栅与围岩交互作用的机理和收敛-约束模型，提出了其强度检算方法及按特征曲线法进行设计的新观点。

2002 年，关宝树在《隧道工程设计要点集》中，对格栅钢架构造及其适用性进行了经验性总结。从格栅钢架断面形式看，有图 1-2 所示的各种形式，如三边形、四边形等。格栅钢架目前多由三根或四根主筋组成，其中四根主筋的形

式采用最多。四主筋型的格栅钢架每根钢筋相同,在等高情况下,其抗弯和抗扭惯性矩大于三主筋型,故多用于软岩、土砂地层的双线隧道。三主筋型是由上面双筋和下面单筋组成,上主筋面积尽量与下主筋总面积相等,多用于单线隧道。

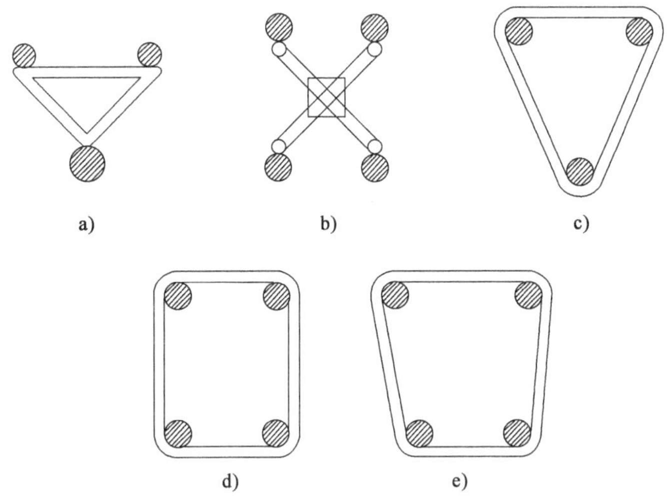

图 1-2 格栅钢架各种断面形式

2008 年,Kim DG 等探讨了格栅钢架承载力室内试验测试方法,通过对三肢格栅钢架进行 3 点弯曲强度试验和 4 点弯曲强度试验,分析了格栅钢架加载变形特性及荷载分布。对于 3 点弯曲强度试验,格栅钢架受力主要集中于主筋;对于 4 点弯曲强度试验,格栅钢架受力分布于三根主筋及斜拉腹筋。

2009 年,李洪泉、杨永成等根据我国相关规范中的有关公式,提出支护结构截面失效的功能函数;并采用抛物线来插值支护中线,在线弹性、小变形和平截面等假设条件下,推导了根据测量位移求支护内力的计算公式;进一步讨论了钢筋材料特性(钢筋抗压强度、抗拉强度和弹性模量)、钢筋截面面积及喷射混凝土保护层厚度等基本随机变量的不确定,最后对实际工程中隧道格栅钢架喷射混凝土支护进行了安全性评价。

2012 年,Nam J W, Kim J K 等设计了一种名为 SGS 的新型三肢格栅钢架(图 1-3)。该格栅钢架增加了主筋和腹筋的接触面积;并对设计的格栅钢架和以往的格栅钢架进行了 3 点弯曲强度试验和 4 点弯曲强度试验,验证了该新型格栅钢架在强度和性能方面均优于以往格栅钢架。

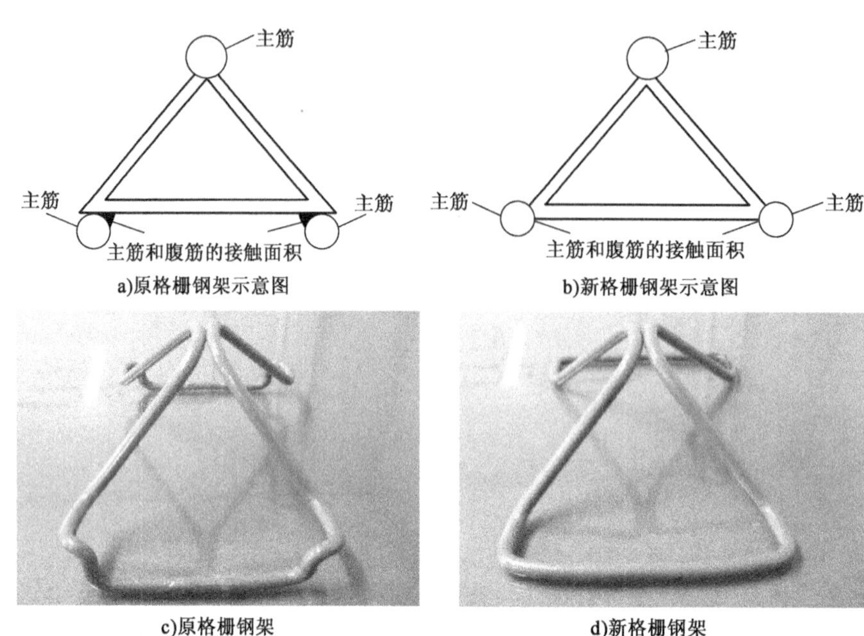

图 1-3　SGS 新型三肢格栅钢架

2013 年,Kim H J,Bae G J 等为改进既有三肢格栅钢架刚度和焊接部位的薄弱,在原腹筋的基础上增加了新型腹筋(腹筋的形状和尺寸见表 1-1,格栅钢架形状见表 1-2),并针对原格栅钢架和改造后格栅钢架进行了室内试验和现场测试。通过室内压缩试验发现改造后格栅钢架的承载力高于原格栅钢架。根据现场实测,发现改造后格栅钢架比原格栅钢架更稳定,改造后格栅钢架弯曲更小。同年,Kim S,Han T H 等则认为 H 型钢钢架在喷射混凝土后会产生意想不到的内部空隙,而三肢格栅钢架在每根钢筋的节点处都表现出频繁的局部失效;此外,这两种支撑均表现出相当差的连接强度。为克服现有支撑的不足,进一步开发了一种新型四肢格栅钢架(图 1-4)。基于数值模拟和试验相结合方式,研究了该新型四肢格栅钢架的结构性能,同时还对拱的结构性能以及常规抗弯性能进行了有限元分析。四肢格栅钢架与三肢格栅钢架相比,四肢格栅钢架具有更好的 4 点弯曲性能和拱形性能;同时,四肢格栅钢架由于焊缝处无局部断裂,故试件很好地体现了其设计刚度和强度。综合考虑认为,该新型四肢格栅钢架可以保证隧道在施工过程中的结构稳定。同样,在 2013 年,Nomikos P. P. 等人探讨了格栅钢架试验的非线性模拟效果:针对三肢格栅钢架在喷射混凝土施作和固化之前所承受的围岩荷载进行了一系列加载试验,同时应用 3D 有限元结构

分析程序 Sofistik(2008)对加载试验进行数值模拟，通过比较极限承载力和挠度验证了数值计算的合理性；但所开发的分析程序可能仅适用于评估特定荷载，即在线性几何和材料响应范围内；另外，对于特殊发展或其他简单荷载情况，也可用于估计失效模式和计算失效荷载。然而，对于存在集中荷载和地面反应的更复杂的情况，该方法不适合于评估破坏模式、极限承载力和挠度。

新型腹筋形状和尺寸　表 1-1

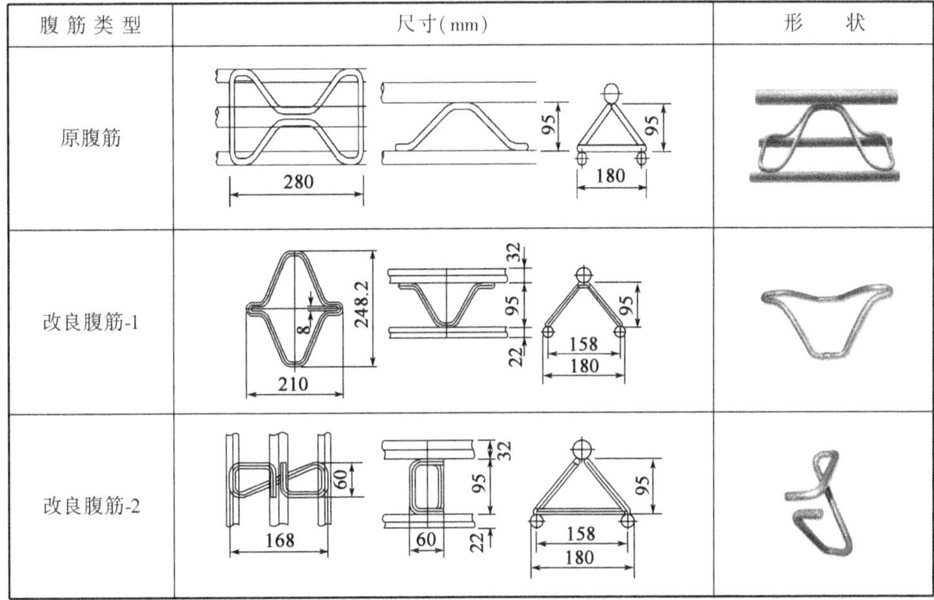

腹筋类型	尺寸(mm)	形　状
原腹筋	280；95；95；180	
改良腹筋-1	248.2；8；210；32；95；22；95；158；180	
改良腹筋-2	60；168；32；95；60；22；95；158；180	

新型格栅钢架形状　表 1-2

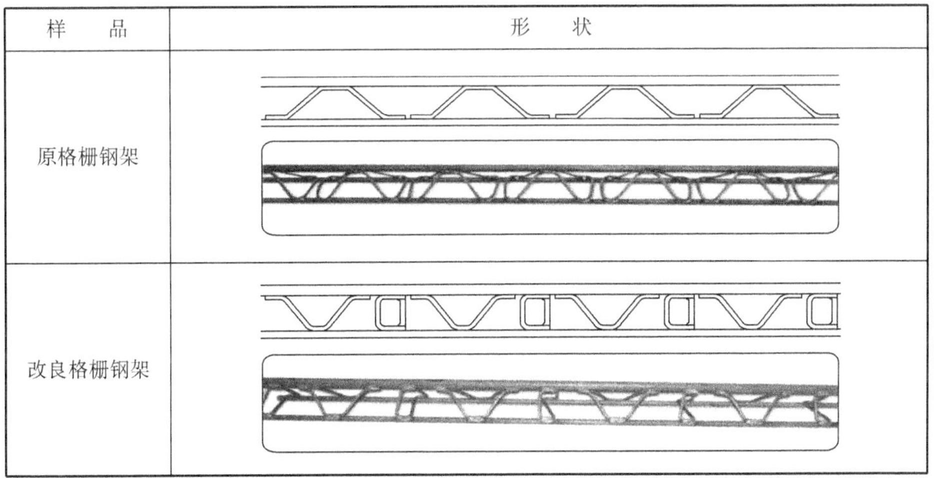

样　品	形　状
原格栅钢架	
改良格栅钢架	

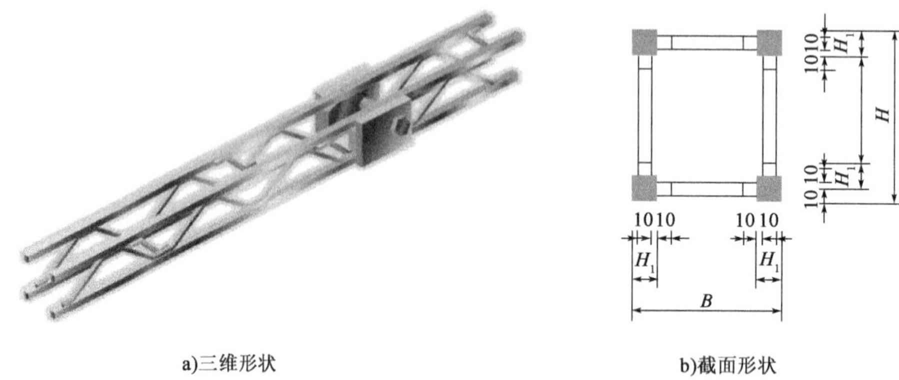

图 1-4 四方形格栅钢架(尺寸单位:mm)

2014 年,张顶立、陈峰宾等通过型钢钢架和格栅钢架的室内性能试验,对两种支护结构的受力特性、破坏过程及演化特征、极限承载力及变形量等进行了系统的研究,并通过有限元组合结构进一步分析了型钢钢架和格栅钢架的受力特性、极限承载力和变形特性;同时结合京沪高铁金牛山隧道现场试验,得出了两种支护类型下围岩荷载释放规律和压力分布特点,并分别给出了型钢钢架与格栅钢架的特点和最佳适用条件。同年,张德华、刘士海等结合在建的兰新铁路存在极高地应力的大梁隧道,系统开展型钢钢架与格栅钢架在高地应力软岩隧道支护中适应性的现场对比试验研究。试验结果表明,现场采用"先柔后刚"的支护原则,即先架立格栅、后加设套拱,对高地应力软岩隧道进行支护,可有效控制软岩大变形及支护内力,围岩初期支护接触压力及钢架应力也均在允许范围内,结构合理;且此支护形式具有较好的经济性,是一种可适用于高地应力软岩隧道的支护结构。

2015 年,于富才、张顶立等通过室内试验,对高强钢筋格栅混凝土复合支护的力学特性、适用性及复合支护特性进行了研究。研究结果表明,高强钢筋的应用显著提高了格栅混凝土复合支护结构的极限承载力和极限变形能力,在地质条件较好的隧道工程中应用时,高强支护结构能够降低工程成本、提高施工质量和支护结构的安全性,具有显著的经济效益和社会效益。

2016 年,关宝树在《漫谈矿山法隧道技术——钢架》中指出,格栅钢架与喷射混凝土的结合比型钢钢架好,但架设初期是不能承载的,需要与喷射混凝土结合,并在喷射混凝土强度形成后才能承载,其承载性能随喷射混凝土强度的增加而增长。

2018 年,H J Kima,K I Songb 等基于试验和数值模拟的方法对格栅钢架性能进行分析，研究认为，使用不合适的钢构件会显著降低格栅钢架的工作性能，甚至会影响隧道的整体结构稳定性；因此引入现场试验方法以识别现场钢构件的适当性是可取的，并建议将便携式压痕试验作为格栅钢架的现场质量控制试验。同年，王刚、马兆飞等采用模型试验的方法，设计了一系列四肢格栅钢架试件，系统地研究了“8”字结形格栅钢架腹筋不同直径和不同焊缝长度对格栅钢架的力学作用的影响。研究认为，随着“8”字结腹筋直径的减小，喷射混凝土格栅钢架极限承载能力基本没有降低，但优化指数大幅度提升；主腹筋焊缝长度的缩短，对格栅钢架的承载能力基本没有影响，但可以大幅度降低格栅钢架的制作成本。

1.3 本书的研究目的和内容

1.3.1 研究目的

纵观诸多国内外文献，有关格栅钢架的文献资料多为简单模型试验，从支护结构外力与变形位移出发，宏观评价支护结构的力学性能和安全性能，缺乏支护结构详细的力学特性和破坏机理研究，格栅钢架的各组成部分对支护结构稳定性所提供效应及支护则尚未涉足，缺乏科学量化的指标，对于目前隧道施工中所使用到的诸多规格型号的格栅钢架的各组成部分无法科学化设计。因此，若要标准精细化设计格栅钢架，则迫切需要以各组成部分为研究对象，深入研究并摸清各组成部分在整个格栅钢架支护中所占地位，以便优化不必要的冗余设计，统一行业标准，在保证隧道全寿命周期的施工安全及运营管理安全的前提下，优化经济效益，节约工程成本。本书以此为出发点从而展开研究，希望对我国隧道建设中格栅钢架的发展作出贡献。

1.3.2 研究的内容

在国内外隧道初期支护尤其是格栅钢架支撑设计理论和技术的基础上，结合我国隧道及地下工程特别是铁路隧道工程的实际需要，本着从隧道格栅钢架设计应用中存在的问题出发，在充分借鉴已有研究成果的基础上，采用模型试验、数值模拟与现场测试相结合的方式开展综合研究。根据对目前隧道格栅钢架研究、设计及现场使用过程中存在问题进行梳理，重点对以下几个方面问题进行研究：

1)主筋搭配形式等一系列格栅钢架结构构造参数的优化

从承载能力、优化性能指数、荷载位移关系、破坏形态等方面对考虑围岩抗力作用的主筋搭配形式、腹筋直径大小、主腹筋焊缝搭接长度、箍筋设置与否四个大方向各设置了多种工况形式进行对比试验分析,最后找出格栅钢架在保证受力性能的基础上,经济性达到最大的格栅钢架形式。

2)格栅钢架截面形式的优化

在对以上参数进行优化后,对主筋和腹筋进行进一步优化,设计了三肢三角撑轻型格栅钢架和四肢V形结新型格栅钢架两种新的格栅钢架结构形式,并从承载能力、优化指数、破坏形态等方面分析了这两种结构的性能,证明新的结构形式在满足承载力要求前提下具有很高的经济适用性价值,可作为新的格栅钢架在隧道及地下工程中推广。

3)全环格栅钢架受力分析

基于上述格栅钢架构件受力特性研究的结果,对全环格栅钢架优化前后进行验证:一方面,采用模型试验及数值模拟的方法,对全环格栅钢架优化前后的受力性能进行分析;另一方面,对全环格栅钢架优化前后的力学性能进行现场试验。基于这两个方面的结果进一步验证格栅钢架优化的可行性。

第 2 章　格栅钢架结构形式及力学性能研究

2.1　格栅钢架结构设计形式与参数

浩吉铁路隧道格栅钢架采用四肢主筋的正方形截面，根据截面高度分为 4 类，见表 2-1，包括：H130、H150、H180、H230，其中 H130 适用于辅助坑道，H230 适用浅埋、偏压等不良地质地段，常用类型为 H150 和 H180 两种。

格栅钢架规格类型表　　表 2-1

钢架类型	对应初期支护喷射混凝土厚度(mm)	主筋直径(mm)	钢架间距(m)	8 字结			适用范围	
				钢筋直径(mm)	8 字结长度(mm)	8 字结之间距离(mm)	正洞	辅助坑道
H130	200	20	1.2、1、0.8	10	350	60	—	√
H150	220、230	22	1.2、1、0.75	14	450	60	√	√
H180	250、270	22	0.8、0.6	14	500	60	√	√
H230	300	22	0.6、0.5	14	500	60	√	—

格栅钢架提前在加工厂房内按照隧道净空截面形状弯曲成型，弯曲幅度视不同的部位而定。隧道洞室内架立好格栅钢架后，沿隧道环向喷射混凝土，使钢架与混凝土形成共同作用结构，钢架与围岩间隙利用喷射混凝土填满密实，贴近隧道净空侧预留 40cm 的混凝土保护层厚度。

H150 型格栅钢架混凝土构件截面尺寸为 $b \times h = 230\text{mm} \times 1000\text{mm}$，其结构设计和示意图如图 2-1、图 2-2 所示。格栅钢架钢筋数量见表 2-2。

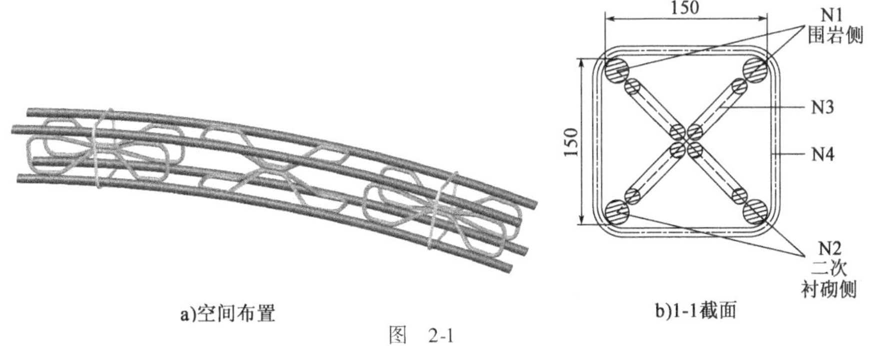

a)空间布置　　b)1-1截面

图　2-1

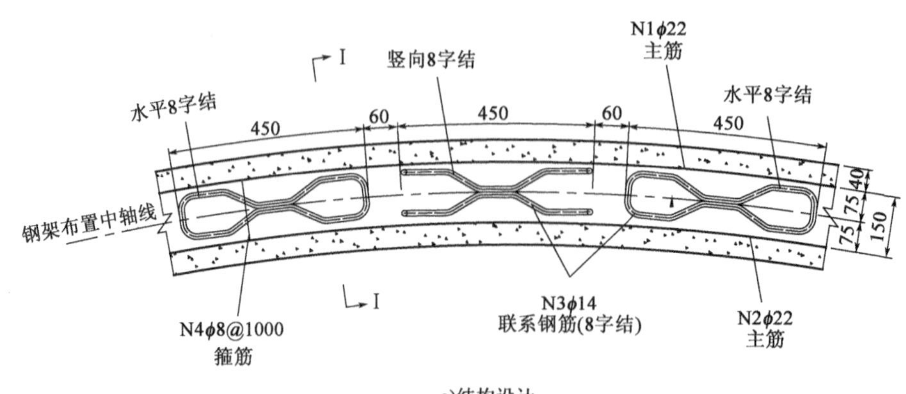

c)结构设计

图 2-1　H150 型格栅钢架设计示意图(尺寸单位:mm)

图 2-2　H150 型格栅钢架

H150 型格栅钢架钢筋数量(每延米)　　表 2-2

序号	名　称		钢筋编号	规格(mm)	件　数	质量(kg)
1	H150 型格栅钢架	主筋	N1	22	2.00	5.97
2		主筋	N2	22	2.00	5.97
3		8 字结	N3	14	1.96	5.21
4		箍筋	N4	8	1.00	0.31
5	定位系筋		N5	16	1.00	1.58

H180 型格栅钢架混凝土构件截面尺寸为 $b \times h = 270\text{mm} \times 800\text{mm}$,其结构设计和示意图如图 2-3、图 2-4 所示。格栅钢架钢筋数量见表 2-3。

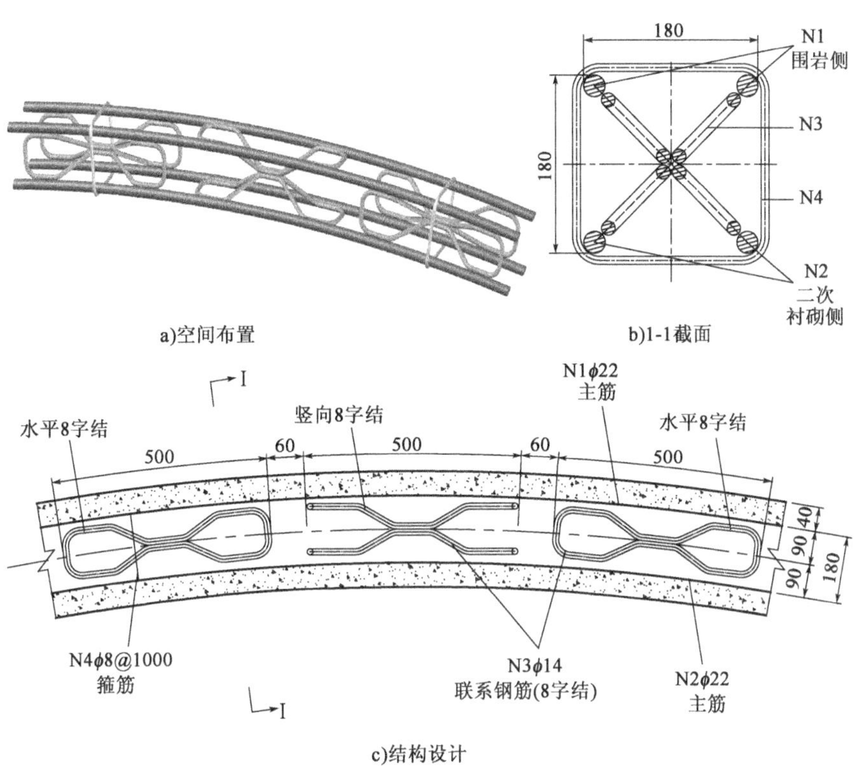

图2-3　H180型格栅钢架设计示意图(尺寸单位：mm)

图2-4　H180型格栅钢架

H180 型格栅钢架钢筋数量(每延米)　　表 2-3

<table>
<tr><th>序号</th><th colspan="2">名　称</th><th>钢筋编号</th><th>规格(mm)</th><th>件　数</th><th>质量(kg)</th></tr>
<tr><td>1</td><td rowspan="4">H180 型
格栅钢架</td><td>主筋</td><td>N1</td><td>22</td><td>2.00</td><td>5.97</td></tr>
<tr><td>2</td><td>主筋</td><td>N2</td><td>22</td><td>2.00</td><td>5.97</td></tr>
<tr><td>3</td><td>8 字结</td><td>N3</td><td>14</td><td>1.79</td><td>5.58</td></tr>
<tr><td>4</td><td>箍筋</td><td>N4</td><td>8</td><td>1.00</td><td>0.35</td></tr>
<tr><td>5</td><td colspan="2">定位系筋</td><td>N5</td><td>16</td><td>1.00</td><td>1.58</td></tr>
</table>

2.2　格栅钢架结构试验方法

2.2.1　短构件格栅钢架试验设计

本节研究短构件共设置格栅钢架单独受荷 6 种工况,格栅钢架与混凝土共同作用 16 种工况,共计 22 组;全环格栅钢架共设置 7 种工况。所有的工况均采用模型试验与数值模拟进行研究。全环格栅钢架工况是在短构件研究的基础上,对全环格栅钢架在优化前后的力学特性进行验证。

参数优化中均是采用单一变量控制模式,保证试验有较强对照性。短构件工况汇总如表 2-4 所示。下面主要就短构件工况设计思路作简要说明:

(1)针对 1-1 浩吉铁路隧道设计使用的标准构造形式,以此为对照组进行构造参数及截面形式优化。

(2)对照 A-1、A-2、1-2,可确定在考虑围岩抗力作用时的最优主筋搭配直径;对照 A-2 与 A-2-1,可确定反弯时围岩抗力作用对于结构承载力的影响;对照 A-2 与 A-2-2,是为了验证当隧道衬砌出现正弯时,该种非对称配筋结构也能提供良好的承载能力。

(3)B-3 作为无腹筋极端情况,与 1-1 对照,可验证腹筋存在的作用大小。B-1、B-2 与 1-1 对照,可确定不同直径腹筋在格栅钢架单独受荷与带混凝土共同作用下的受力性能。

(4)对照 C-1、C-2 与 1-1,重点观察 C-1 和 C-2 焊缝是否有局部破坏,以及焊缝长度的减小对混凝土构件承载能力的影响。

(5)对照 D-1 与 1-1,试验箍筋的作用效果。

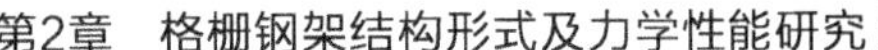

短构件格栅钢架工况设计表　　表 2-4

试验设计	工况编号	断面形状	纵向配筋	靠围岩侧主筋	腹(辅)筋形式	腹(辅)筋直径(mm)	焊缝长度(cm)	是否考虑围岩抗力	构件质量(kg)
标准构件	1-1	方形	$4\times\phi22$	$2\times\phi22$	8 字结	14	7	否	34.91
	1-1(裸架)	方形	$4\times\phi22$	$2\times\phi22$	8 字结	14	7	否	34.91
	1-2	方形	$4\times\phi22$	$2\times\phi22$	8 字结	14	7	是	34.91
								3 点约束	34.91
腹筋影响	1-1(对照)	方形	$4\times\phi22$	$2\times\phi22$	8 字结	14	7	否	34.91
	B-1	方形	$4\times\phi22$	$2\times\phi22$	8 字结	10	7	否	29.86
	B-1(裸架)	方形	$4\times\phi22$	$2\times\phi22$	8 字结	10	7	否	29.86
	B-2	方形	$4\times\phi22$	$2\times\phi22$	8 字结	8	7	否	27.86
	B-2(裸架)	方形	$4\times\phi22$	$2\times\phi22$	8 字结	8	7	否	27.86
	B-3	方形	$4\times\phi22$	$2\times\phi22$	8 字结	0	7	否	24.32
焊缝影响	1-1(对照)	方形	$4\times\phi22$	$2\times\phi22$	8 字结	14	7	否	34.91
	C-1	方形	$4\times\phi22$	$2\times\phi22$	8 字结	14	5	否	34.91
	C-1(裸架)	方形	$4\times\phi22$	$2\times\phi22$	8 字结	14	5	否	34.91
	C-2	方形	$4\times\phi22$	$2\times\phi22$	8 字结	14	3	否	34.91
	C-2(裸架)	方形	$4\times\phi22$	$2\times\phi22$	8 字结	14	3	否	34.91
主筋影响	1-2(对照)	方形	$4\times\phi22$	$2\times\phi22$	8 字结	14	7	是	34.91
								3 点约束	
	A-1	方形	$2\times\phi20+2\times\phi22$	$2\times\phi20$	8 字结	14	7	是	32.83
								3 点约束	
	A-2	方形	$2\times\phi16+2\times\phi22$	$2\times\phi16$	8 字结	14	7	是	29.20
								3 点约束	
	A-2-1	方形	$2\times\phi16+2\times\phi22$	$2\times\phi22$	8 字结	14	7	否	29.20
	A-2-2	方形	$2\times\phi16+2\times\phi22$	$2\times\phi16$	8 字结	14	7	否	29.20
箍筋影响	1-1(对照)	方形	$4\times\phi22$	$2\times\phi22$	8 字结	14	7	否	34.91
	D-1	方形	$4\times\phi22$	$2\times\phi22$	8 字结	14	7	否	35.92
	D-1(裸架)	方形	$4\times\phi22$	$2\times\phi22$	8 字结	14	7	否	35.92

试件尺寸按 H150 型钢架 1∶1 比例进行设计，钢架截面尺寸 $b \times h = 150\text{mm} \times 150\text{mm}$，混凝土方形截面尺寸 $b \times h = 230\text{mm} \times 230\text{mm}$，保护层厚度 40mm，柱长 2200mm。两端设计成牛腿形状，斜向受压钢筋与受拉主筋搭接，加密箍筋，在牛腿主筋与受压主筋搭接位置焊接开口 U 形环，用以抵抗剪切力。牛腿转角及上下顶面布设连接钢筋，形成截面整体，用以扩散压应力，避免混凝土局部受压破坏。牛腿距方形截面形心 260mm 处开设圆孔对穿钢绞线。所有工况的试验构件形式都是这样，区别仅在于格栅钢架各自的构造形式。试件尺寸及牛腿配筋构造如图 2-5 所示。

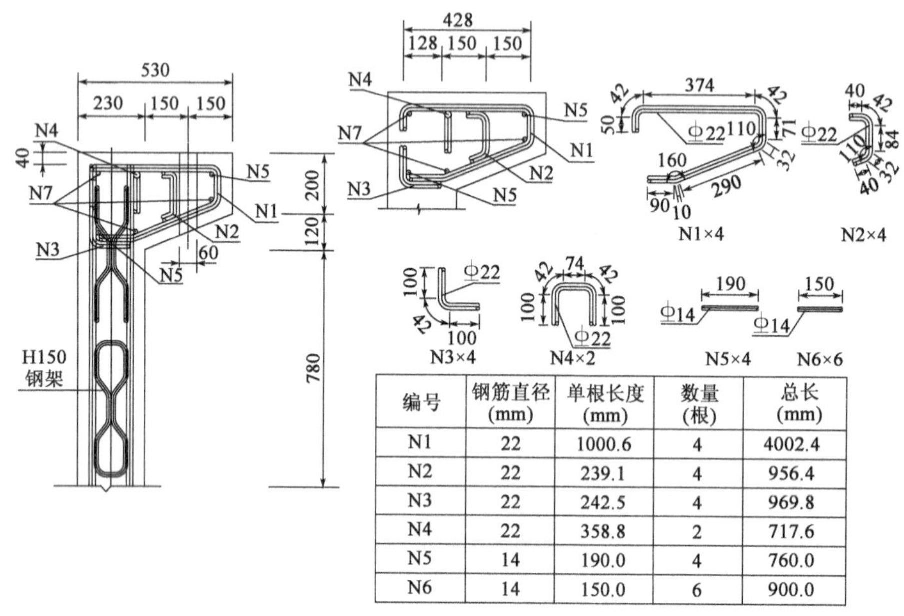

编号	钢筋直径(mm)	单根长度(mm)	数量(根)	总长(mm)
N1	22	1000.6	4	4002.4
N2	22	239.1	4	956.4
N3	22	242.5	4	969.8
N4	22	358.8	2	717.6
N5	14	190.0	4	760.0
N6	14	150.0	6	900.0

图 2-5　试件尺寸及牛腿配筋大样（尺寸单位：mm）

试件在中铁十二局浩吉铁路项目部实验室分批制作完成，时间跨度从 2015 年 12 月到 2016 年 4 月底，历时 4 个月。格栅钢架在项目部钢筋加工厂房制作，使用的各类钢筋构件及焊接加工工艺流程均与实际工程相同。混凝土采用隧道湿喷机沿试件木模一次性喷射成型，在每批次试件制作的同时，制作 3 个 $10\text{mm} \times 10\text{mm} \times 10\text{mm}$ 的立方体试块。试件和试块均在相同环境下养护 3 天，待到试块强度达到 C25 混凝土设计强度时进行试验。试件制作及试验流程如图 2-6 所示。

a)室内基础材料试验

b)空钢架加载试验

c)试件喷射混凝土

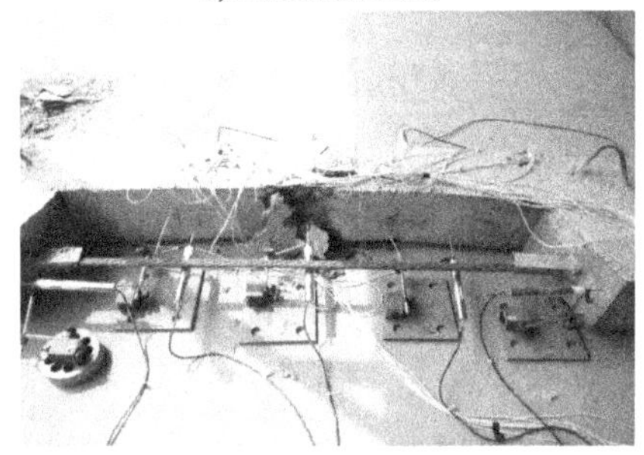

d)无约束构件加载试验

e)有约束构件加载试验

f)已完成试验的构件

图2-6　试件制作及试验流程

试验采用静力卧式加载装置,利用两台最大推进力为2000kN的YQ-200型千斤顶配合一台DYB-LA型电动油泵提供稳定加载力。千斤顶经工字加工型钢梁上的预留绞线孔与短梁构件另一端型钢梁预留孔相连,通过油压机的阀门控制可以使千斤顶活塞杆伸长拉紧钢绞线,产生偏心作用力,以此模拟结构的偏压受荷形式。

格栅钢架单独受荷偏心受压加载结构的加载系统,从上到下依次为锚头、千斤顶、加载梁、焊接板、构件、加载梁、测力计、锚头,如图2-7a)所示。

格栅钢架与混凝土共同作用结构的加载系统也由油压机、千斤顶、垫板、反力墙、限制锚索等组成。另外,需要说明的是,混凝土反力墙的设置是为了模拟围岩的对格栅钢架向围岩侧反弯时的反力作用,因此对于不考虑围岩反力约束作用的试验工况不加装反力装置,其他的加载组成相同。加载系统组成如图2-7b)所示。

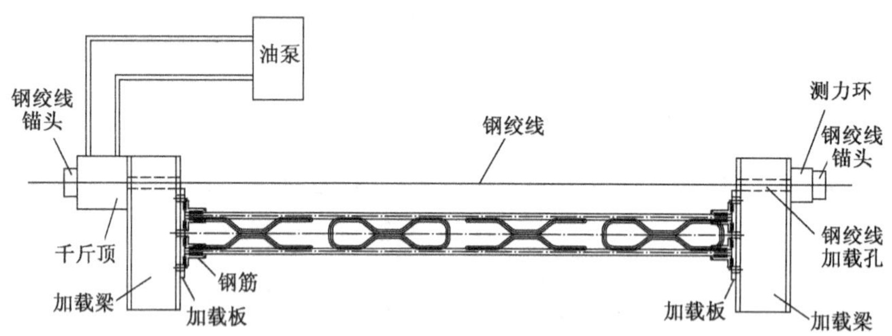

a)格栅钢架单独受荷加载系统(不考虑围岩抗力作用)

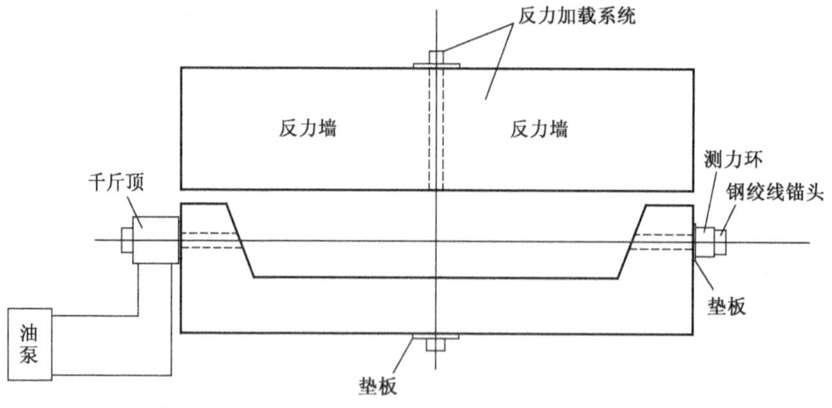

b)格栅钢架与混凝土共同受荷结构加载系统(考虑围岩抗力作用)

图2-7　试验加载系统

量测系统主要选取以下类型：

1)应变量测

试验采用两台 TST3826F 动静态应变测试仪分析系统，钢筋应变片选用 3mm×5mm 标准锡箔式应变片，带补偿 1/4 桥连接，每 10 个应变点共用一片温度补偿片。经测定，该应变仪系统误差在 200~3000$\mu\varepsilon$ 之间，系统误差小于 1%，应变值小于 200$\mu\varepsilon$ 时，系统误差小于 2%。因此试验用导线长度在不大于 10m 的情况下无须做测量修正。混凝土应变片为 S2170-80AA 的电阻应变片，电阻值为 120% ±0.2%，灵敏度系数为 2.032% ±0.26%，栅宽×栅长=5mm×80mm。

应变片的布置视试验项目而定，对称布置在构件梁主筋、腹筋、焊缝等监测位置上，数量从每组 16 个到 24 个不等。通过导线与测试仪相连，通过电脑进行测量观察与记录，测量频率为 5Hz。

2)位移量测

试验采用一台 DY3825E 静态位移测试系统，将测针安置于构件跨中及承压板处，对称放置，用以对挠度和压缩位移进行量测。测点布设形式及位置如图 2-8所示。

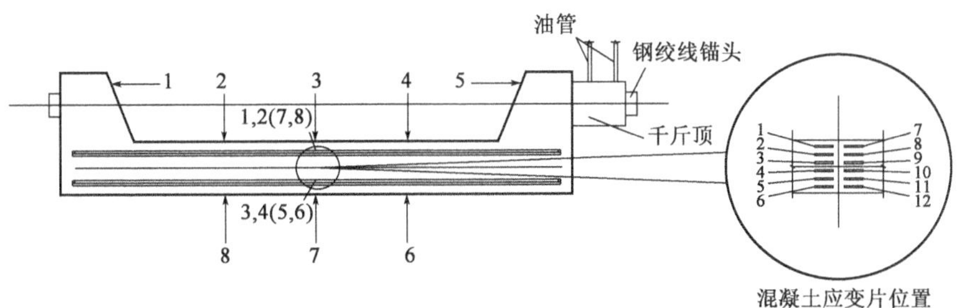

图 2-8 测点布设形式及位置

注：图中数字代表测点位置。

2.2.2 全环格栅钢架试验设计

全环格栅钢架场地试验依托于前期短构件模型试验结果，分为标准设计形式和优化设计形式两大类工况，为隧道洞室现场试验提供参考数据和科学指导。其中，单线格栅钢架试验横向对比相同格栅钢架形式下不同受力状态的极限承载能力，双线格栅钢架场地试验既横向对比相同格栅钢架形式下不同受力状态的极限承载能力，同时也纵向对比标准设计形式和优化设计形式下相同受力状态的极限承载能力。全环格栅钢架场地试验共计 7 个小工况(合计 10 个格栅钢架混凝土结构)进行试验。工况设计及格栅钢架主要参数见表 2-5。

全环格栅钢架结果汇总表　　表 2-5

试验工况	试验方案		主筋直径(mm)	腹筋直径(mm)	焊缝长度(mm)	试件数量
单线 H150 标准设计型	竖向加载	横向约束	22	14	70	2
		横向无约束	22	14	70	1
	横向加载	竖向约束	22	14	70	2
		竖向无约束	22	14	70	1
双线 H180 标准设计型	竖向加载	横向约束	22	14	70	2
		横向无约束	22	14	70	1
双线 H180 腹筋+焊缝优化型	竖向加载	横向约束	22	10	30	1

全环格栅钢架试验流程如图 2-9 所示。

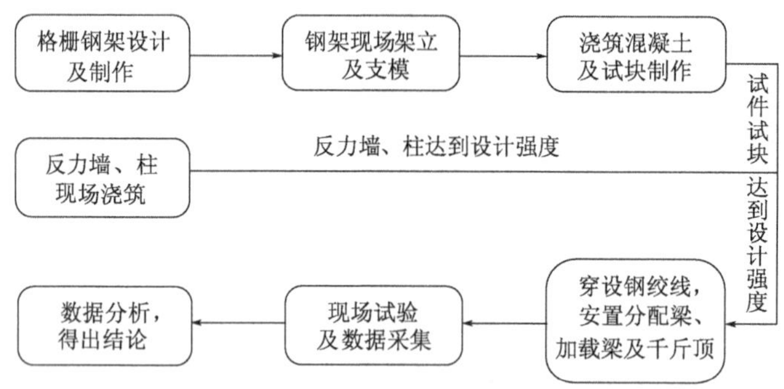

图 2-9　全环格栅钢架场地试验流程图

单、双线全环现场试验分别采用 H150 型和 H180 型格栅钢架进行 1:1 原型卧式加载试验。单线试验试件均采用标准设计的 H150 型格栅钢架设计，钢架位于试件中间位置，钢架截面尺寸 $b \times h = 150\text{mm} \times 150\text{mm}$，制作完成后的钢筋混凝土构件截面尺寸 $b \times h = 230\text{mm} \times 1000\text{mm}$；双线试验试件分别采用标准设计的 H180 型格栅钢架和腹筋与焊缝同时优化的 H180 型格栅钢架和主筋优化的 H180 型格栅钢架，钢架位于试件中间位置，钢架截面尺寸 $b \times h = 180\text{mm} \times 180\text{mm}$，制作完成后的钢筋混凝土构件截面尺寸 $b \times h = 270\text{mm} \times 800\text{mm}$。单、双线试验结构均在环向方向每间隔 2m 处格栅钢架上方及下方各 20cm 的位置开设 ϕ10cm 的沿径向方向的圆孔以穿设加载用钢绞线。示意图如图 2-10 ~ 图 2-13所示。

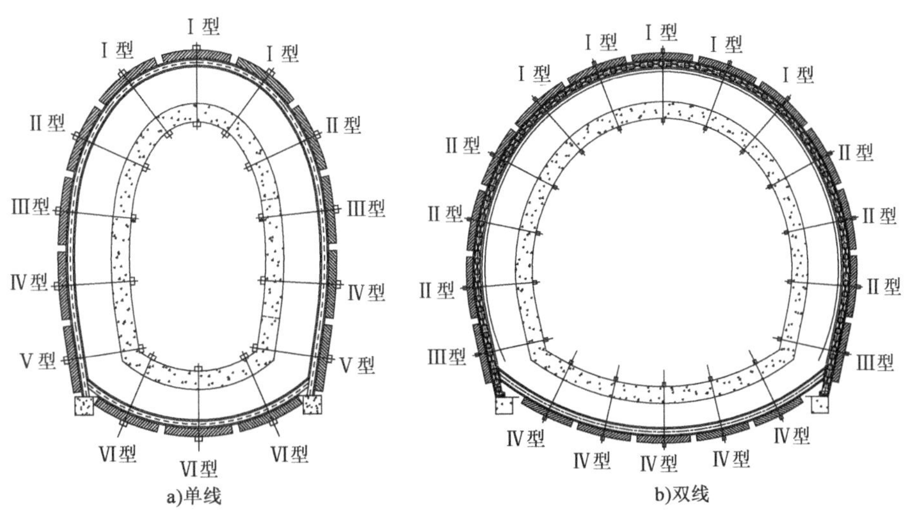

图 2-10 全环格栅钢架试验示意图

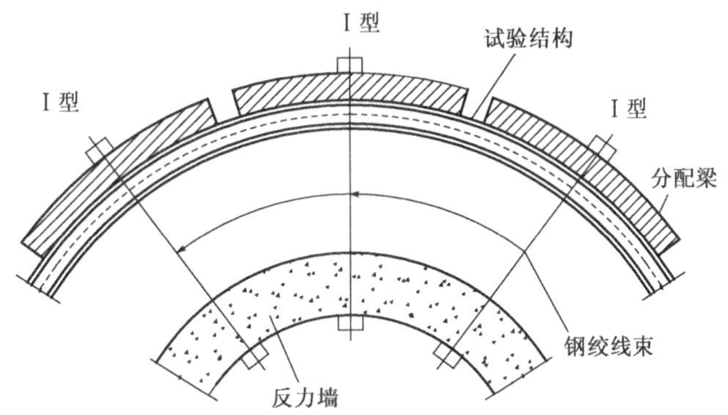

图 2-11 全环格栅钢架试验局部结构示意图

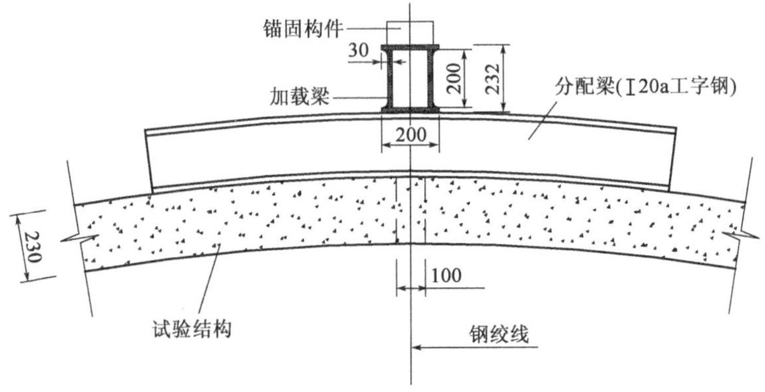

图 2-12 全环格栅钢架试验分配梁与加载梁俯视示意图(尺寸单位:mm)

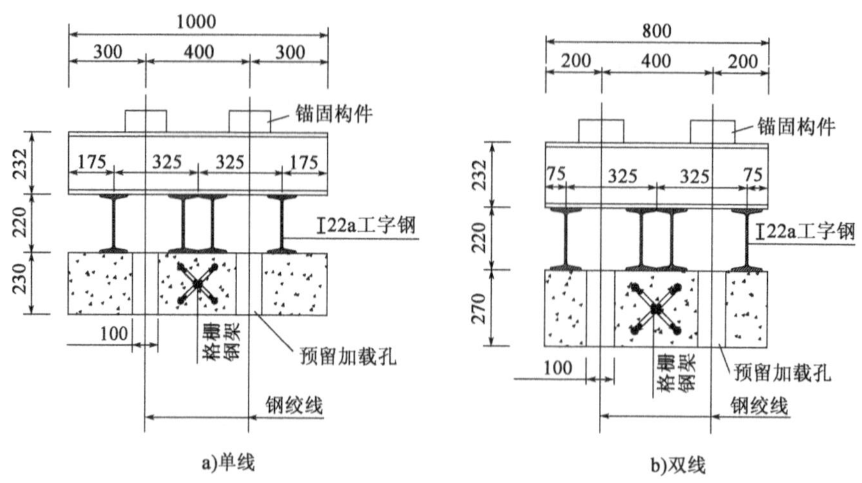

图 2-13 全环格栅钢架试验分配梁与加载梁剖面示意图(尺寸单位:mm)

试验钢架混凝土构件制作流程:

①格栅钢架拼接与架立;

②沿格栅钢架弧度架设内外木模;

③采用隧道实际工程所用 C25 湿喷料一次性浇筑成型;

④拆模以及对试验构件进行定期养护,直到混凝土达到设计强度。

在每批次构件施作过程中均制作 3 组共 9 个 10mm × 10mm × 10mm 的立方体混凝土试块,置于与试验构件同等环境之下,于试块强度达到 C25 喷射混凝土设计强度之时进行试验。

单、双线试验所用的格栅钢架均采用与隧道实际工程相同的工法工艺和流程于加工厂房预制。

此次全环试验均采用卧式静力加载系统。为沿试验结构纵向方向和环向方向施加均布荷载,设计了一套加载系统。该加载系统由四部分构成:①钢筋混凝土反力墙提供反力;②最大推进力为 2000kN 的 YQ-200 型千斤顶配合 DYB-LA 型电动油泵提供持续稳定的加载力;③钢绞线束锚固在反力墙与千斤顶之间,以对构件施加千斤顶提供的加载力;④钢板焊接组成的加载梁与工字钢焊接组成的弧形分配梁位于千斤顶和试验试件之间,以将千斤顶和钢绞线束提供的点荷载转变为均布荷载作用于试验结构上。加载系统示意图如图 2-14 所示。

此次试验主要针对格栅钢架混凝土结构的荷载-挠度曲线进行分析。故采用了一台 DY3825E 静态位移测试系统,将测针安置于千斤顶集中荷载施加点,用于试验结构位移的量测。

a)反力墙结构钢筋架立与浇筑成型

b)全环格栅钢架浇筑成型

c)混凝土试块制作

d)钢绞线穿设

e)分配梁、加载梁及千斤顶安置

图 2-14

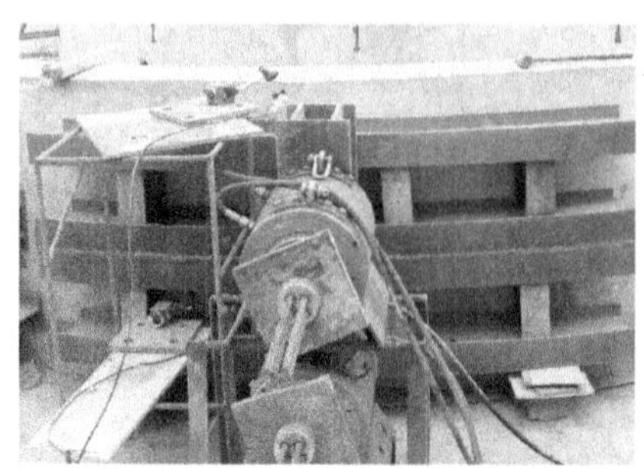

f)位移计布设及试验俯视图

g)试验构件拆除

图 2-14　全环格栅钢架试验现场

2.2.3　数值试验设计

ABAQUS 是国际上先进的大型通用有限元计算分析软件之一,具有强大的非线性力学分析功能。本项目选用 ABAQUS 作为计算分析软件,对试验设计的构件进行精细化建模,采用现场试验获得的混凝土及钢筋应力应变数据,结合《混凝土结构设计规范》(GB 50010—2010)(附录 C)推荐的本构关系,基于损伤力学,引入混凝土的损伤演化的影响,计算分析构件的受力响应。

混凝土采用 ABAQUS 程序的 C3D8R 实体单元模拟,选用混凝土损伤塑性模型,混凝土损伤塑性模型(CDP 模型)是 ABAQUS 软件自带的混凝土材料本构模型。该模型由 Lubliner 首先提出,并由 Lee 和 Fenves 改进,适用于单调加载和循环加载作用下的混凝土结构和构件的非线性分析。模型参数取值如表 2-6 所示。

混凝土模型参数　　表 2-6

参数	Ψ	m	α_f	K_c	μ
数值	30	0.1	1.16	2/3	0.005

注:Ψ-膨胀角,取 30°;m-塑性势偏心率;α_f-双轴极限抗压强度与单轴极限抗压强度的比值;K_c-拉伸子午面上和压缩子午面上的第二应力不变量的比值;μ-黏性系数。

1)短构件

喷射混凝土格栅钢架钢筋采用T3D2单元模拟,采用Embedded技术将钢筋单元嵌入混凝土实体单元中;格栅钢架(裸架)采用C3D8R实体单元模拟。对于构件跨中约束的情况,钢绞线采用ABAQUS自带的非线性弹簧单元进行模拟,钢绞线力学参数采用实际试验钢绞线参数。

2)全环格栅钢架

该系列工况设计与全环试验工况设计相同,模型中喷射混凝土、反力墙及加载梁采用C3D8R实体单元模拟,格栅钢架钢筋采用T3D2单元模拟,采用Embedded技术将钢筋单元嵌入混凝土实体单元中;加载系统中的钢绞线力学参数采用实际试验钢绞线参数,钢绞线弹模为200GPa。

计算模型如图2-15～图2-20所示。

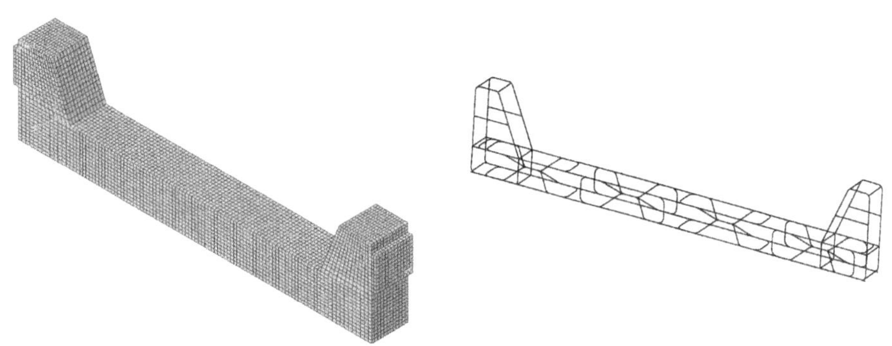

图2-15 混凝土构件计算模型　　图2-16 喷射混凝土短构件格栅钢架

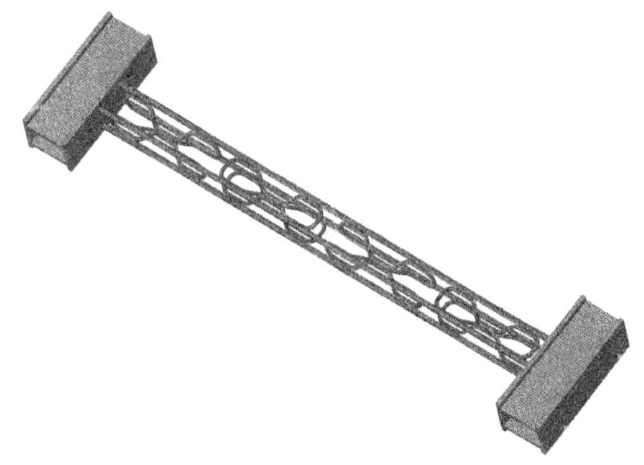

图2-17 格栅钢架(短构件)

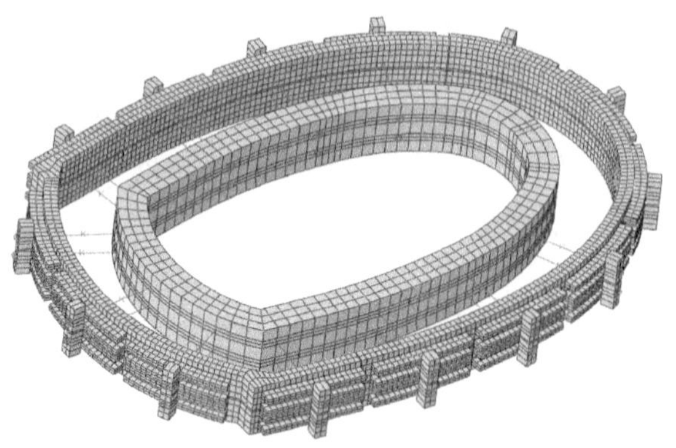

图 2-18　全环单线数值计算模型

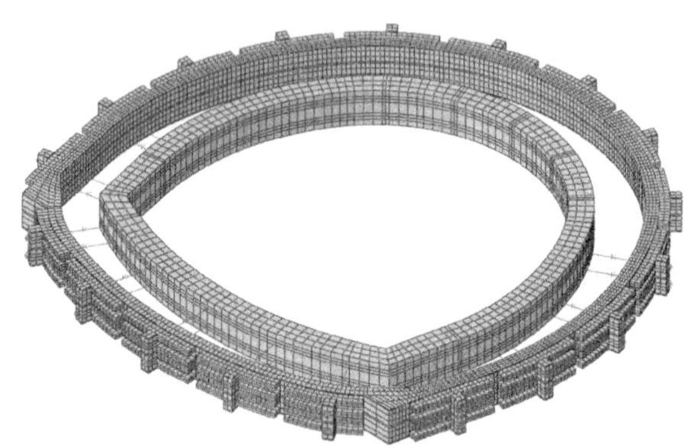

图 2-19　全环双线数值计算模型

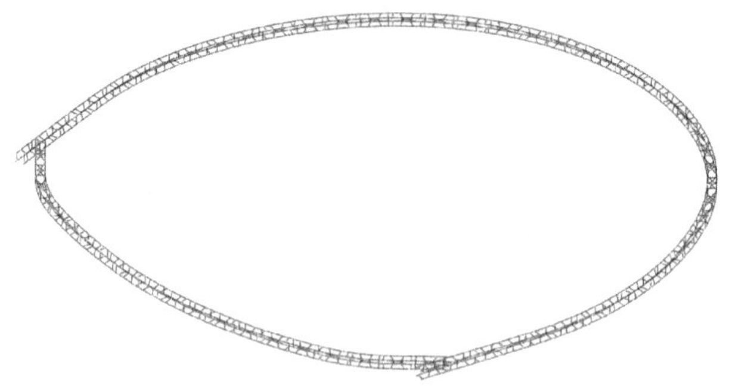

图 2-20　全环格栅钢架精细化模型

本构参数采用现场试验获得的混凝土及钢筋应力应变数据，结合《混凝土结构设计规范》（GB 50010—2010）（附录 C）推荐的本构关系给出，具体如

图 2-21 ~ 图 2-24 所示。按目前通常做法,假定混凝土达到 0.4 倍受拉或受压峰值应力前,为线弹性。

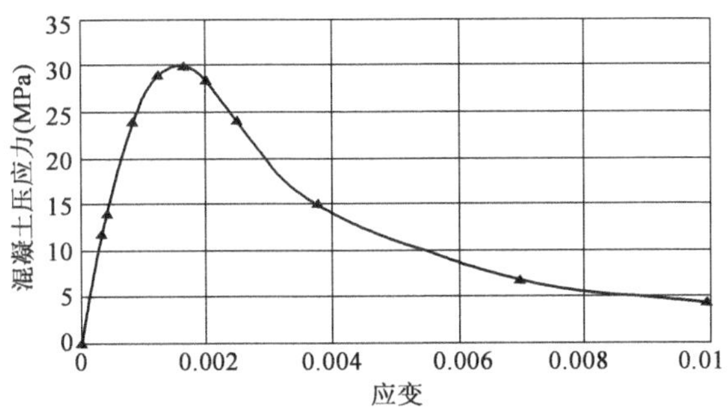

图 2-21 混凝土单轴抗压应力应变曲线关系

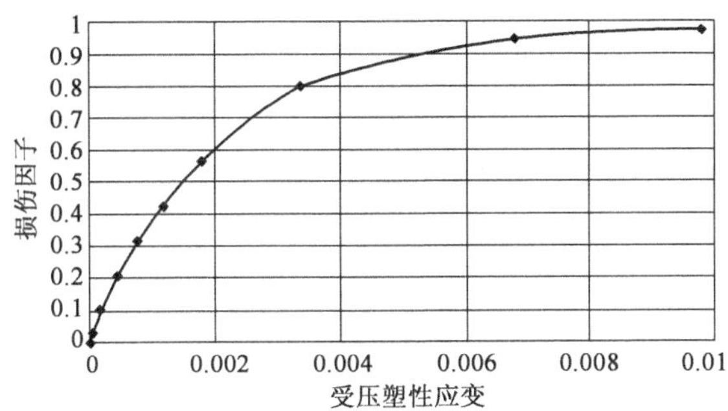

图 2-22 混凝土压缩损伤变量演化曲线

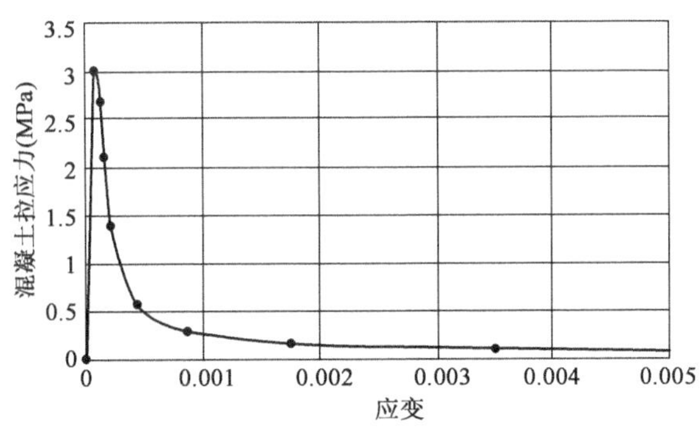

图 2-23 混凝土单轴抗拉应力应变曲线关系

钢筋按试验设计采用 HRB400,由试验可得,钢筋的屈服强度为 440MPa,极限强度为 610MPa。

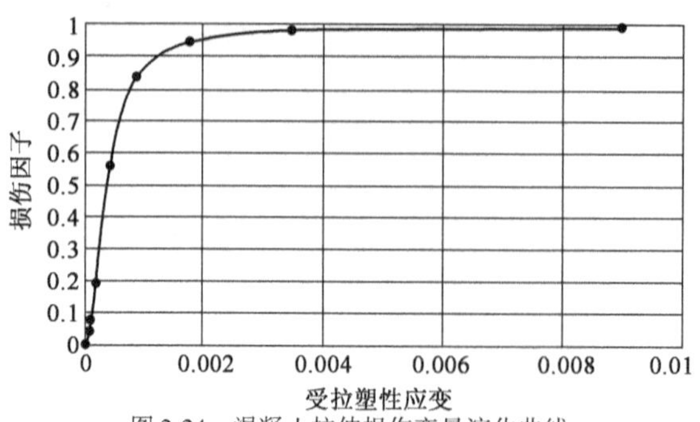

图 2-24　混凝土拉伸损伤变量演化曲线

对于考虑围岩抗力的试件由于跨中受到约束，所以试验没有量测加载过程中构件产生的位移，所以在本节对考虑围岩抗力的工况不进行荷载挠度分析，对于考虑围岩抗力作用的构件，只分析试件的极限承载力和破坏形态。

由表 2-7 和图 2-25a）标准构件的荷载挠度曲线可以看出，试验得到的极限承载力与数值模拟的结果基本一致，数值模拟的结果比试验略小。试验得到的试件初始刚度比数值模拟的大，这可能主要是由于试验时初始加载的荷载比较大，导致构件短时间内迅速承载。图 2-25b）对试验与数值模拟钢筋应变做了对比，从图可以看出，试验与计算符合较好。

标准构件试验与数值计算极限承载力对比　　表 2-7

试验工况	是否考虑围岩抗力作用	试验极限承载力(kN)				计算极限承载力(kN)
		试件 1	试件 2	试件 3	平均值	
1-1	否	290.7	282.1	289.5	287.4	276.8
1-2	是	356.3	350.1	332.8	346.4	376.9

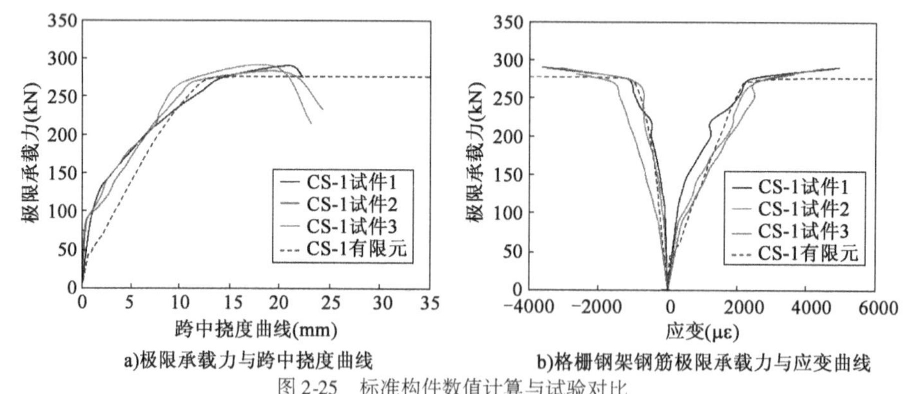

图 2-25　标准构件数值计算与试验对比

如图 2-26 所示，不考虑围岩抗力时，随着构件所加荷载的增加，受拉侧混凝土开裂退出工作，受拉侧荷载由钢筋承担，直至受拉侧钢筋达到极限强度，受压

侧混凝土被压溃，最终导致整个构件破坏。如图2-27所示，以考虑围岩抗力作用时构件的破坏形态可以看出，当在构件跨中考虑围岩抗力作用后，构件破坏形式由跨中向两边转移，从试验的结果可以看出，构件在靠近牛腿一侧由于混凝土首先被达到极限抗压强度被压溃导致破坏。

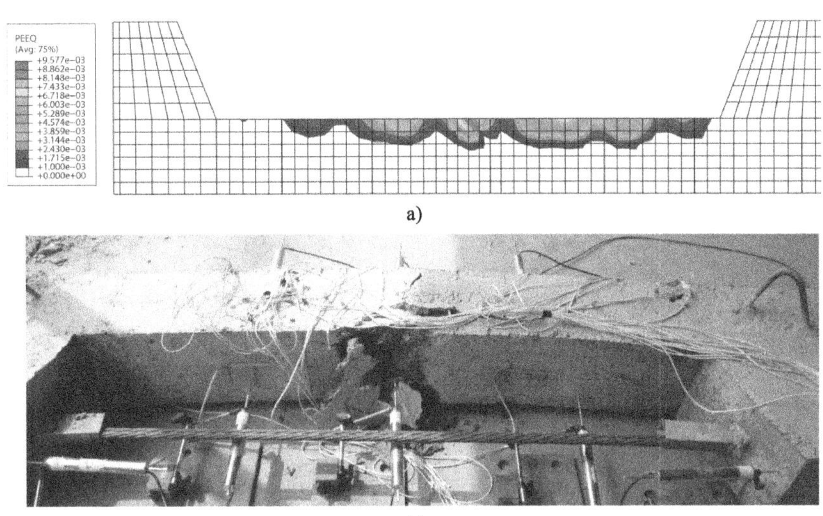

a)

b)

图2-26　不考虑围岩抗力作用时构件的破坏形态数值计算与试验对比

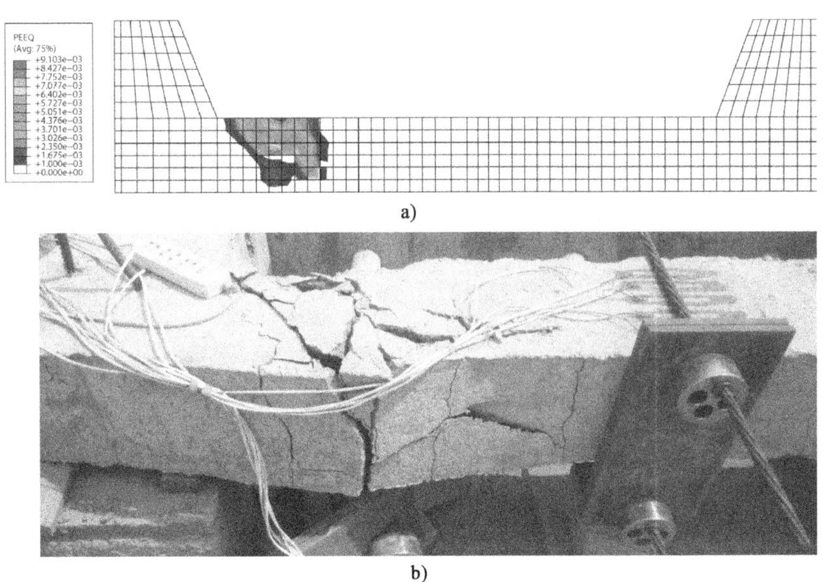

a)

b)

图2-27　考虑围岩抗力作用时构件的破坏形态数值计算与试验对比

综上,从构件的极限承载力、破坏模式及钢筋的荷载-应变曲线可知,数值计算结果与室内试验符合较好,验证了数值计算所选本构模型和数值计算方法的正确性。

2.3 格栅空钢架力学性能研究

2.3.1 腹筋直径的影响

不同腹筋直径的空钢架试验加载曲线如图 2-28 所示,破坏模式如图 2-29、图 2-30 所示,试验结果见表 2-8。

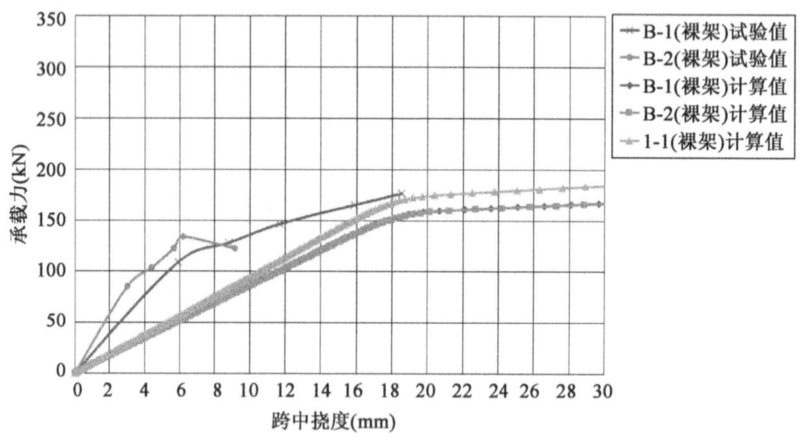

图 2-28 不同腹筋直径的空钢架承载力-挠度曲线

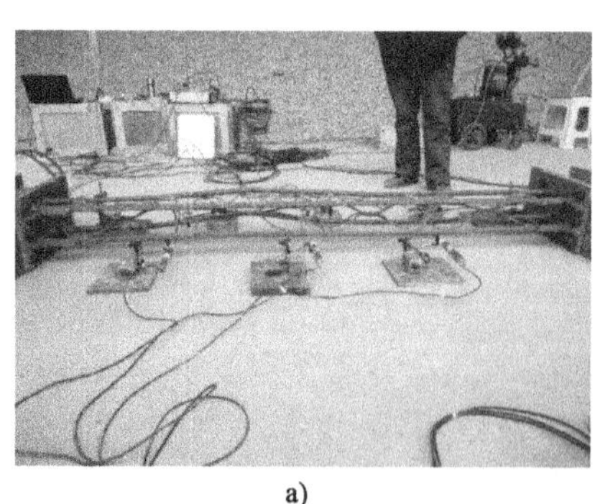

a)

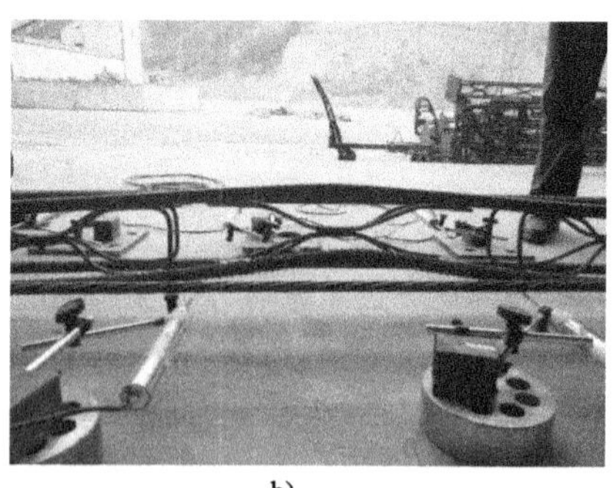

b)

图 2-29 8mm 腹筋空钢架

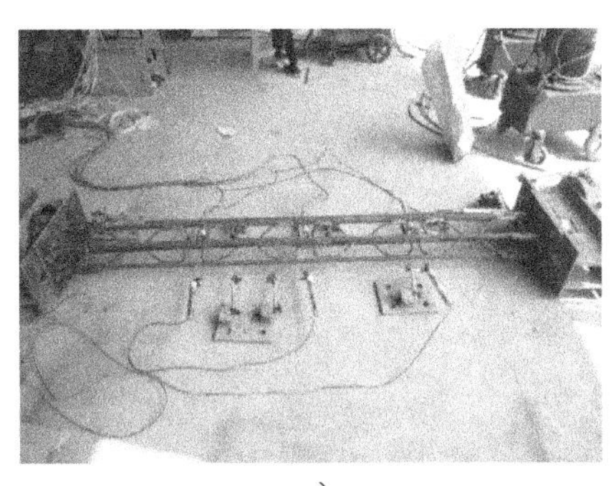
a)

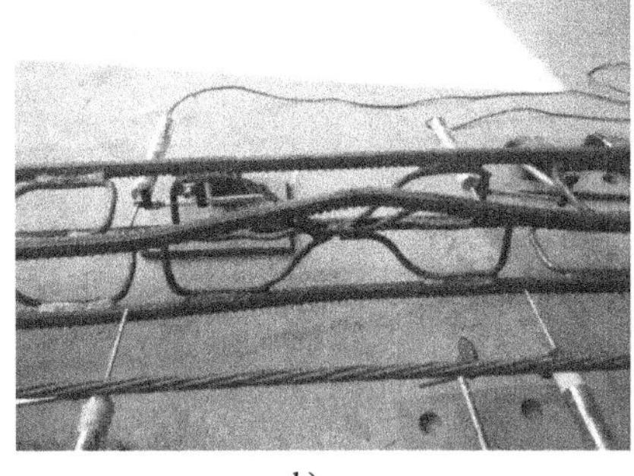
b)

图 2-30 10mm 腹筋空钢架

不同腹筋直径空钢架试验结果 表 2-8

试验工况	试验极限承载力(kN)				计算极限承载力(kN)	构件质量(kg)
	试件1	试件2	试件3	平均值		
B-1(10mm)	152.17	141.03	148.46	147.22	167.6	29.86
B-2(8mm)	133.61	133.61	118.76	128.66	154.4	27.86
1-1(裸架)	159.59	170.73	155.88	162.07	173.6	34.91

2.3.2 主腹筋搭接焊缝长度的影响

不同主腹筋搭接焊缝长度的空钢架试验加载曲线如图 2-31 所示,破坏模式如图 2-32、图 2-33 所示,空钢架试验结果见表 2-9。

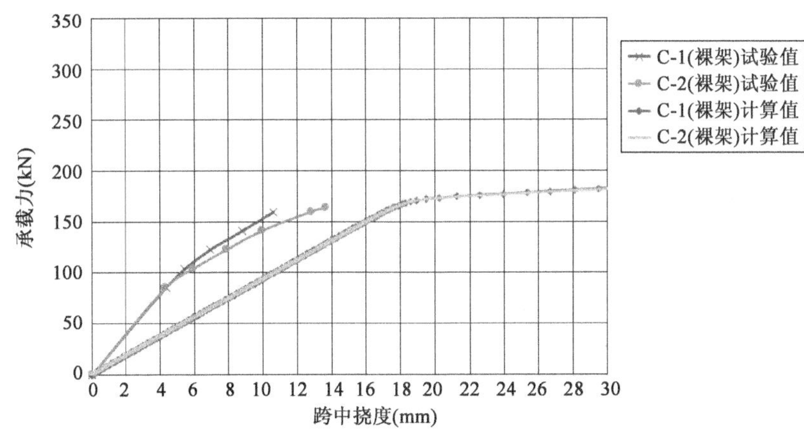

图 2-31 不同主腹筋搭接焊缝长度的空钢架承载力-挠度曲线

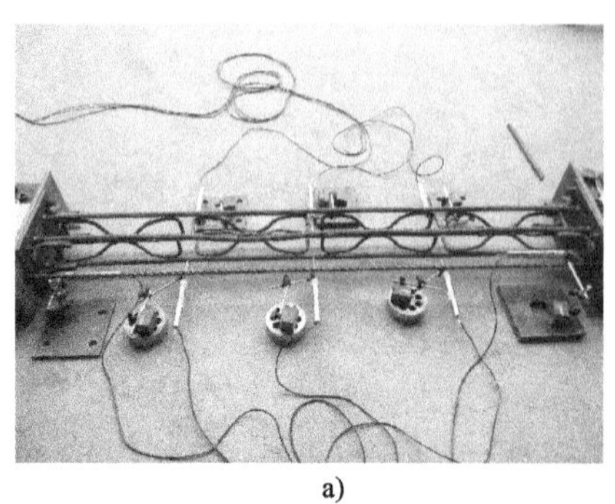

a)

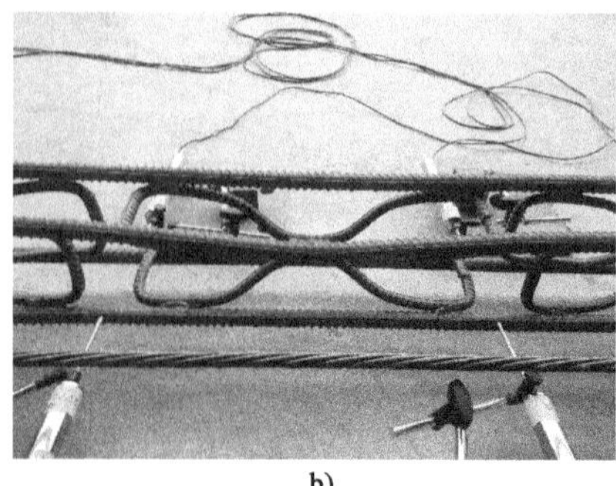

b)

图 2-32　3cm 搭接焊缝空钢架

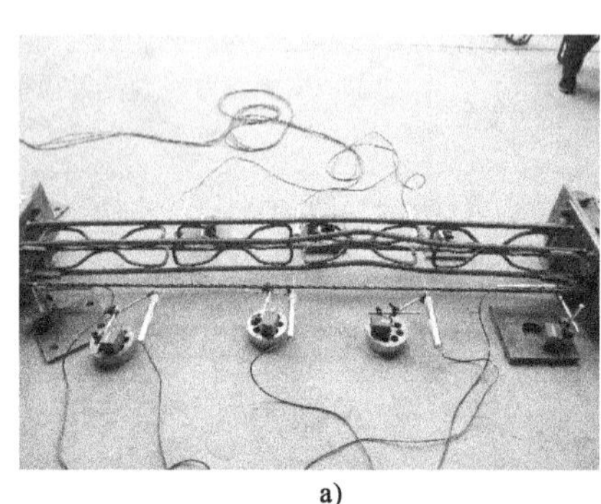

a)

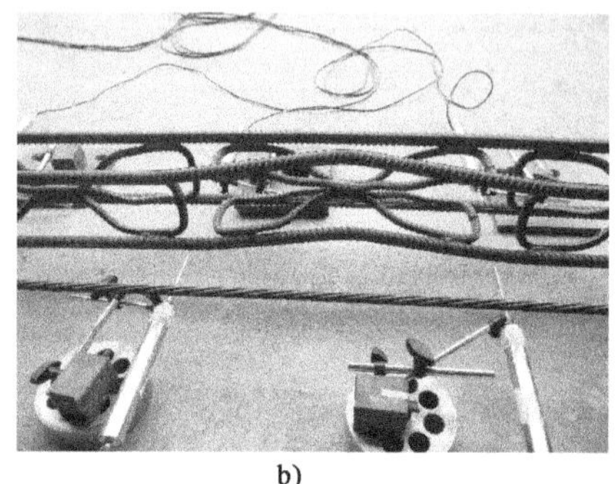

b)

图 2-33　5cm 搭接焊缝空钢架

不同焊缝长度空钢架试验结果　表 2-9

试验工况	试验极限承载力(kN)				计算极限承载力(kN)	构件质量(kg)
	试件 1	试件 2	试件 3	平均值		
1-1(裸架)	159.59	170.73	155.88	162.07	173.6	34.91
C-1(5cm)	163.31	159.59	170.73	164.54	174.6	34.91
C-2(3cm)	148.46	159.59	148.46	152.17	172.6	34.91

2.3.3 箍筋的影响

有无箍筋情况下的空钢架试验加载曲线如图 2-34 所示，破坏模式如图 2-35 所示，空钢架试验结果见表 2-10。

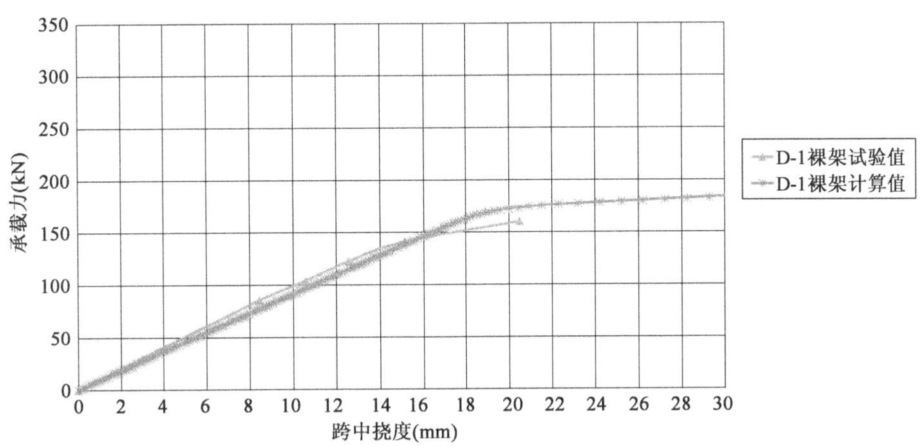

图 2-34　设置箍筋的空钢架承载力-挠度曲线

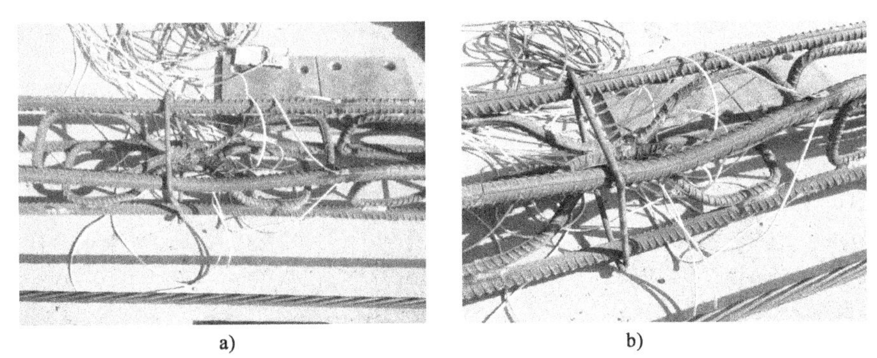

a)　b)

图 2-35　设置箍筋的空钢架试验

有无箍筋的空钢架试验结果　表 2-10

试验工况	试验极限承载力(kN)				计算极限承载力(kN)	构件质量(kg)
	试件1	试件2	试件3	平均值		
D-1(有箍筋)	168.2	159.6	170.7	166.2	172.0	35.92
1-1	159.59	170.73	155.88	162.07	173.6	34.91

2.4　格栅喷射混凝土短构件力学性能研究

2.4.1　腹筋直径的影响

不同腹筋直径的短构件试验加载曲线如图 2-36 所示,破坏模式如图 2-37、

图 2-38 所示,短构件试验结果见表 2-11。

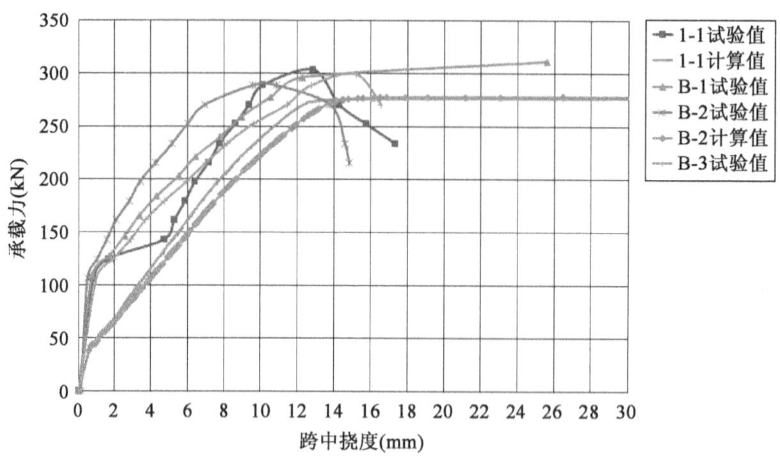

图 2-36　不同腹筋直径的短构件承载力-挠度曲线

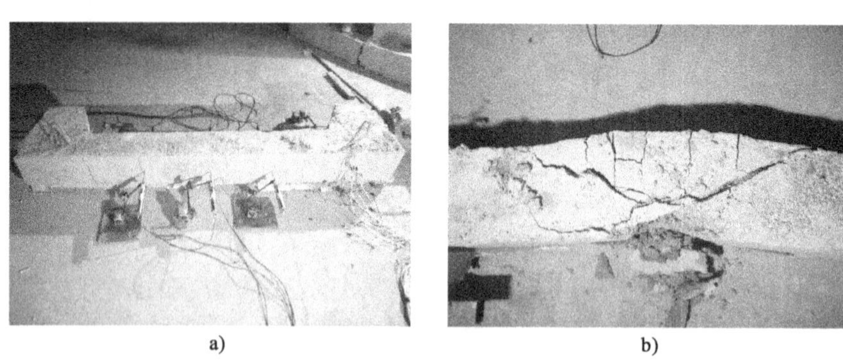

a)　　b)

图 2-37　无腹筋破坏形态

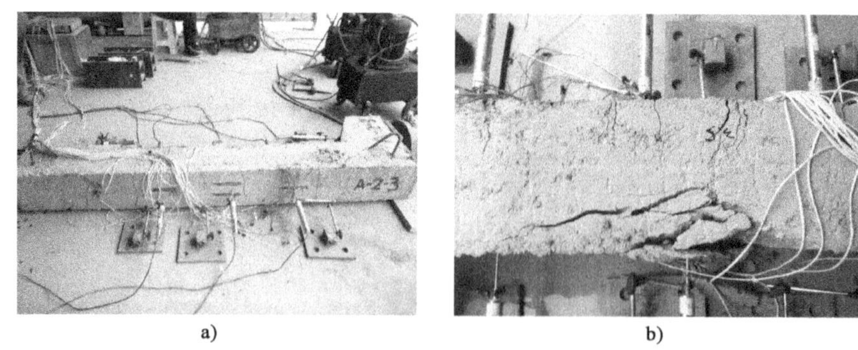

a)　　b)

图 2-38　10mm 腹筋破坏形态

格栅钢架与混凝土共同受荷条件下优化性能　　表2-11

试验工况	试验极限承载力(kN)				计算极限承载力(kN)	构件质量(kg)
	试件1	试件2	试件3	平均值		
B-1(10mm)	299.87	292.39	296.13	296.13	278.0	29.86
B-2(8mm)	296.13	296.13	292.39	294.88	278.9	27.86
B-3(无腹筋)	307.36	307.36	311.10	308.60	278.1	24.32
1-1(裸架)	284.80	303.00	299.40	295.73	276.8	34.91

2.4.2　主腹筋搭接焊缝长度的影响

不同主腹筋搭接焊缝长度的短构件试验加载曲线如图2-39所示，破坏模式如图2-40所示，短构件试验结果见表2-12。

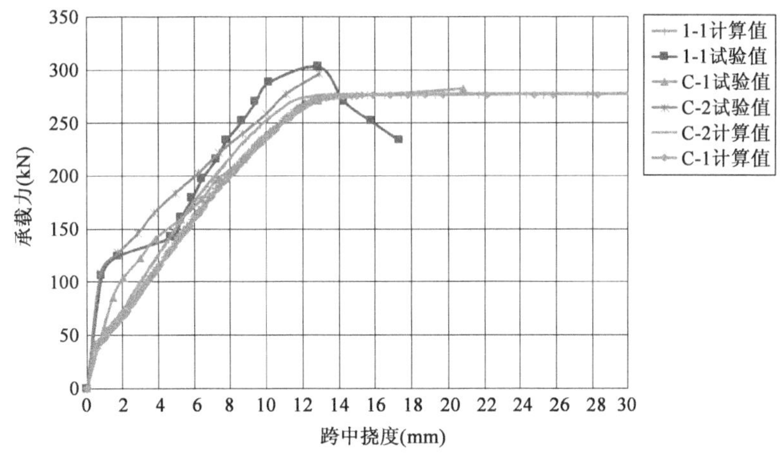

图2-39　不同主腹筋搭接焊缝长度的短构件承载力-挠度曲线

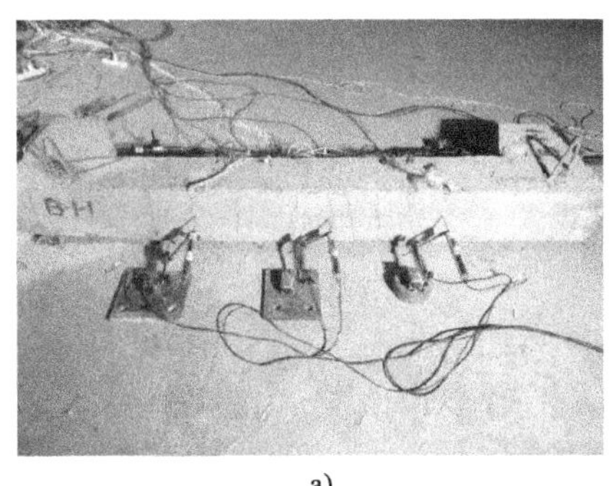

a)

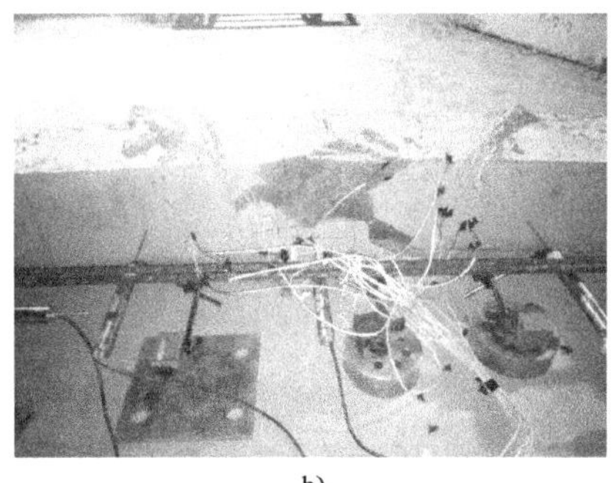

b)

图2-40　焊缝3cm破坏形态

焊缝优化混凝土试验结果　表 2-12

试验工况	极限承载力(kN)				构件质量(kg)	承载力/质量(kg)
	试件1	试件2	试件3	平均值		
C-0(7cm)	284.80	303.00	299.40	295.73	34.91	8.47
C-2(3cm)	314.84	311.10	314.84	313.59	34.91	8.98
C-1(5cm)	292.39	307.36	296.13	298.62	34.91	8.55

2.4.3 靠围岩侧主筋直径的影响

(1)不同受拉区钢筋面积的对比试验

不同受拉区钢筋面积的短构件试验加载曲线如图 2-41 所示,破坏模式如图 2-42、图 2-43 所示,短构件试验结果如表 2-13 所示。

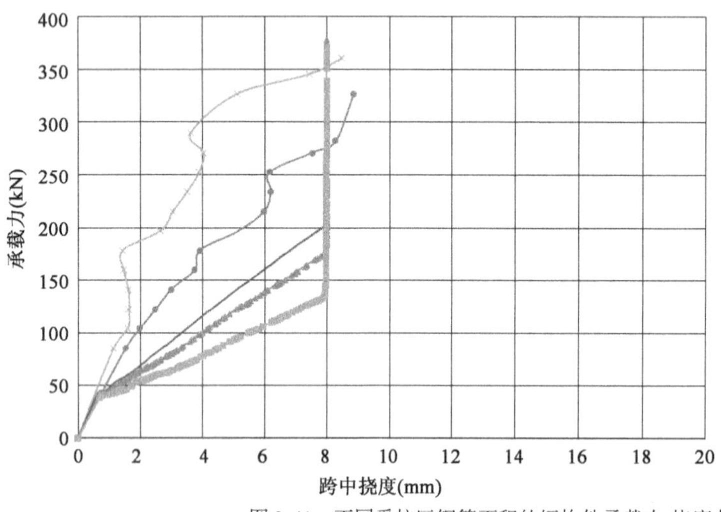

图 2-41　不同受拉区钢筋面积的短构件承载力-挠度曲线

a)

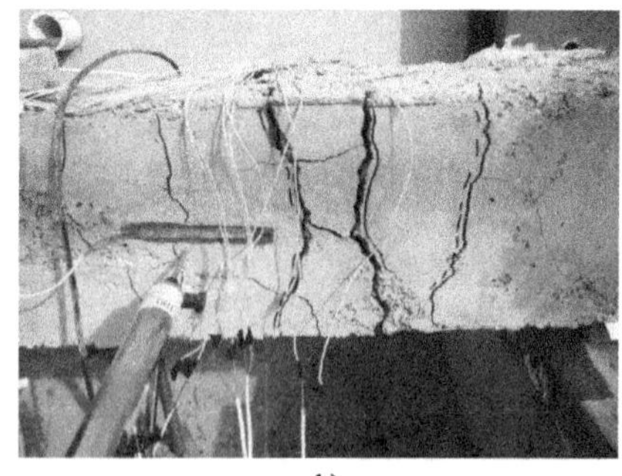

b)

图 2-42　靠围岩侧 16mm

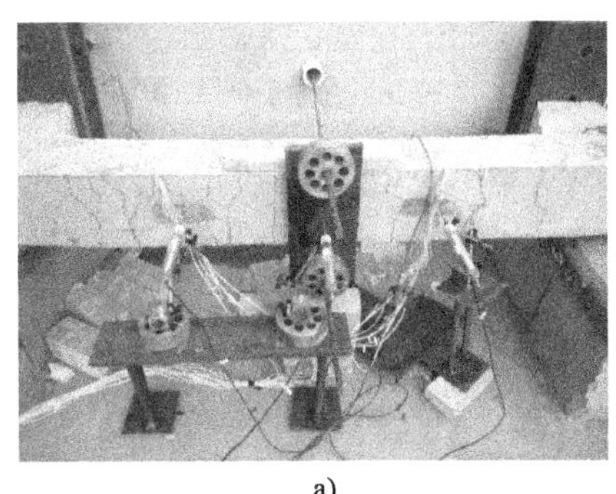
a)

b)

图 2-43　靠围岩侧 20mm

不同主筋配筋形式的优化性能　　表 2-13

试验工况	试验极限承载力(kN)				计算极限承载力(kN)	构件质量(kg)
	试件 1	试件 2	试件 3	平均值		
A-0	356.30	350.10	332.80	346.40	377.2	34.91
A-1	360.10	326.70	—	343.40	371.0	32.83
A-2	333.78	318.11	328.09	326.66	370.6	29.20

(2)同种主筋不同受力特性下的对比试验

同种主筋不同受力特性下的短构件试验加载曲线如图 2-44 所示,短构件试验结果见表 2-14。

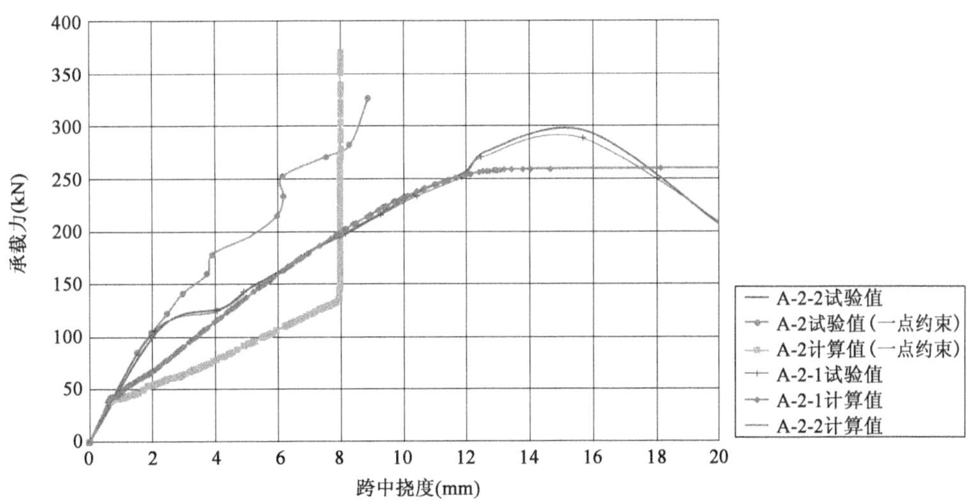

图 2-44　同种主筋不同受力特性的短构件承载力-挠度曲线

不考虑围岩约束的主筋优化对比分析　　表 2-14

试验工况	试验极限承载力(kN)				计算极限承载力(kN)	构件质量(kg)
	试件 1	试件 2	试件 3	平均值		
A-2	333.78	318.11	328.09	326.66	370.6	29.20
A-2-1	178.16	178.16	178.16	178.16	186.0	29.20
A-2-2	296.16	307.39	296.16	299.90	259.8	29.20
1-1	284.80	303.00	299.40	295.73	276.8	34.91

2.4.4 箍筋的影响

有无箍筋情况下短构件试验加载曲线如图 2-45 所示，破坏模式如图 2-46 所示，短构件试验结果见表 2-15。

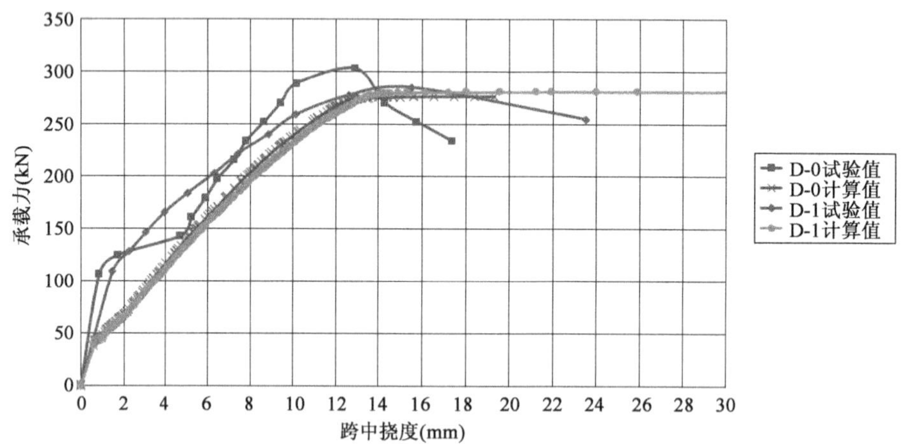

图 2-45　有无箍筋情况下短构件承载力-挠度曲线汇总

图 2-46　破坏形态

有无箍筋的短构件试验结果　　表 2-15

试验工况	试验极限承载力(kN)				计算极限承载力(kN)	构件质量(kg)
	试件1	试件2	试件3	平均值		
D-1(有箍筋)	284.91	296.13	303.61	294.88	281.2	35.92
1-1	284.80	303.00	299.40	295.73	276.8	34.91

2.5 格栅喷射混凝土全环结构力学性能研究

2.5.1 H150 型格栅钢架试验

H150 型格栅钢架均采用截面尺寸为 $b \times h = 150\text{mm} \times 150\text{mm}$ 的格栅钢架，与实际施工所用完全相同的 C25 喷射混凝土浇筑成截面尺寸为 $b \times h = 230\text{mm} \times 1000\text{mm}$ 的钢筋混凝土构件。进行了拱顶加载-横向约束、拱顶加载-横向不约束、横向加载-拱顶约束和横向加载-拱顶不约束四种加载试验，如图 2-47 所示。

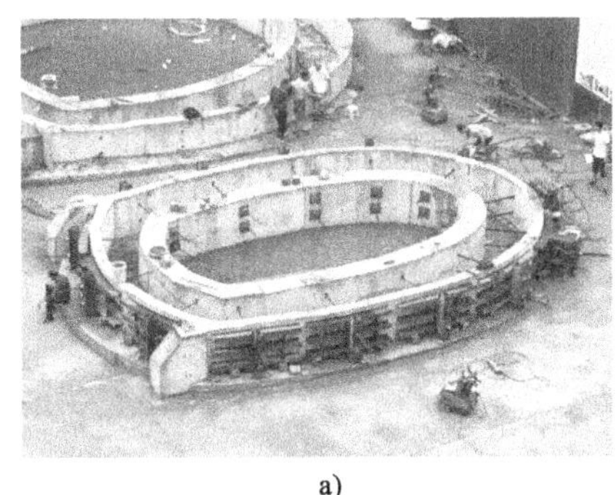

a)

b)

图 2-47　单线 H150 型格栅钢架试验

1)拱顶加载

(1)拱顶加载-横向约束

此部分试验为拱顶加载-横向约束工况，通过拱顶三个Ⅰ型弧形梁处六个千斤顶对 H150 型格栅钢架浇筑成型的试验构件施加径向向内的等大荷载，同时限制拱腰及边墙位置上Ⅱ、Ⅲ、Ⅳ、Ⅴ型弧形梁及仰拱Ⅵ型弧形梁处沿径向向外的位移。在加载的同时，于拱顶三个Ⅰ型弧形梁处设置位移计，对加载处的试验构件位移与变形进行实时量测。

①位移-荷载关系

此工况共制作两个试件，进行了两次破坏性试验，各试件对应的位移-荷载曲线如图2-48、图2-49所示（图中荷载为每个弧形梁处的集中荷载，即两个千斤顶荷载）。各个试件的破坏荷载及对应的位移值见表2-16。

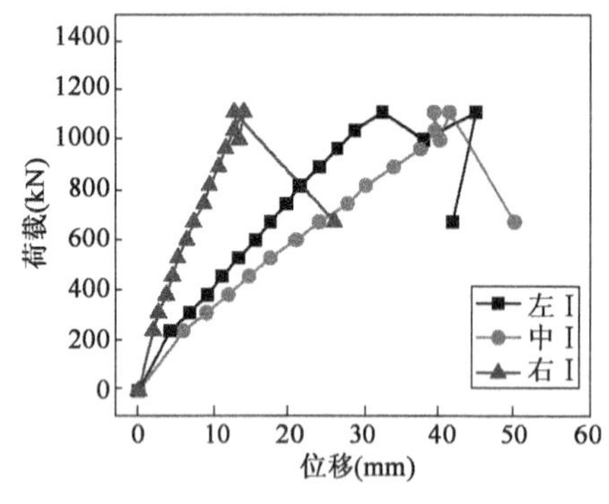

图2-48　H150型拱顶加载-横向约束试件一位移-荷载曲线

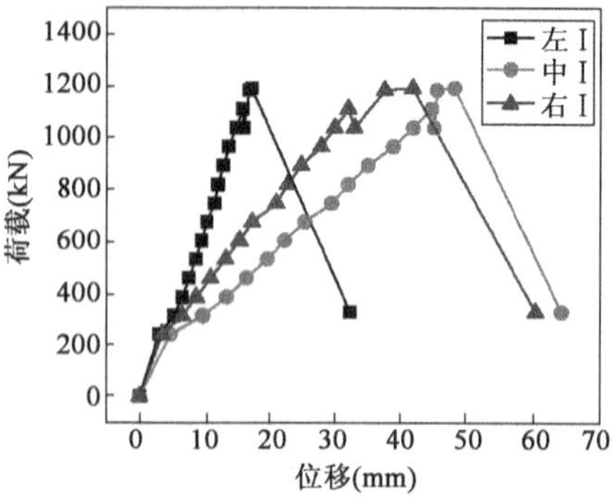

图2-49　H150型拱顶加载-横向约束试件二位移-荷载曲线

H150型拱顶加载-横向约束极限荷载与位移　　表2-16

试件编号	极限荷载（kN）	换算围岩压力（kPa）	位移（mm）		
			左Ⅰ	中Ⅰ	右Ⅰ
试件1	1115.11	619.51	44.82	41.3	12.92
试件2	1195.37	664.09	16.87	47.71	41.31
均值	1155.24	641.80	—	—	—

为方便数据记录，结合各型号弧形梁位置和试验结构部位在俯视图中位置对试验结构各分部进行对应编号。如结构分部编号“中Ⅰ”表示处于示意图中间位置的Ⅰ型梁所对应结构部分，结构分部编号“右Ⅲ”表示处于示意图右边的Ⅲ型弧形梁所对应结构部分，以此类推。下同。

②破坏形态

试件一于左Ⅱ型弧形梁处发生破坏。在加载过程中，试验构件拱顶三个Ⅰ型弧形梁处结构内侧及拱腰左Ⅱ、右Ⅱ外侧均出现沿结构纵向的贯通裂缝，且从左Ⅱ经拱顶至右Ⅱ范围构件内侧出现明显的沿结构环向的裂缝。如图2-50所示。

试件二于右Ⅰ型梁处发生破坏。在加载过程中，试验构件拱顶三个Ⅰ型梁处结构内侧及拱腰左Ⅱ、右Ⅱ外侧均出现沿结构纵向的贯通裂缝，且从左Ⅱ经拱顶至右Ⅱ范围构件内侧出现明显的沿结构环向的裂缝。如图2-51所示。

a)破坏后左Ⅱ内侧(一)

b)破坏后左Ⅱ内侧(二)

c)破坏后左Ⅱ外侧

d)破坏后左Ⅱ钢架局部

e)破坏后左Ⅰ内侧

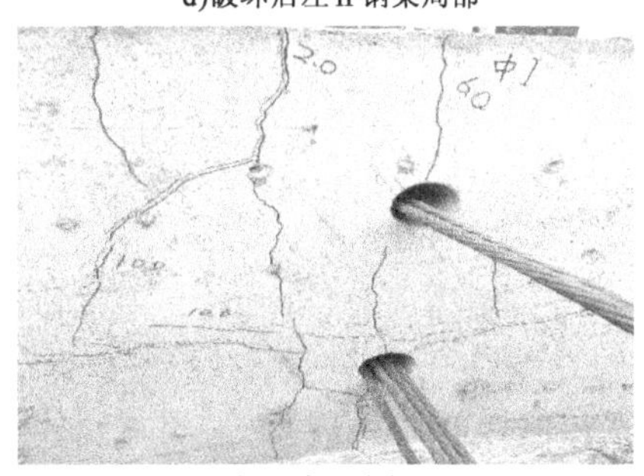

f)破坏后中Ⅰ内侧

g)左Ⅱ外侧破坏过程

h)左Ⅱ外侧破坏过程

图 2-50

i)左Ⅱ内侧破坏过程

j)中Ⅰ破坏过程

图 2-50　H150 型拱顶加载-横向约束加载破坏(试件一)

a)破坏后右Ⅰ内侧(一)

b)破坏后右Ⅰ内侧(二)

c)破坏后右Ⅱ外侧

d)破坏后右Ⅰ外侧

e)破坏后右Ⅰ内侧(三)

f)右Ⅰ破坏后钢架局部

图　2-51

g)右Ⅰ破坏过程

h)右Ⅰ破坏过程

i)右Ⅱ外侧破坏过程

j)右Ⅱ外侧破坏过程

图 2-51 H150 型拱顶加载-横向约束加载破坏(试件二)

③过程及结果

对于 H150 型拱顶加载-横向约束工况,试件一的破坏极限荷载为 1115.11kN,破坏位置为左Ⅱ,破坏时左Ⅰ位移为 44.82mm,中Ⅰ处位移为 41.3mm;试件二的破坏极限荷载为 1195.37kN,破坏位置为右Ⅰ,破坏时右Ⅰ位移为 41.3mm,中Ⅰ处位移为 47.71mm。两个试件的破坏极限荷载非常接近,平均值为 1155.24kN,试件二的破坏承载力较试件一大 7.19%,破坏处位移小 7.87%。

从两个试件的破坏极限荷载相差不多、破坏位置同在拱腰及整个破坏过程可以看出,两个试件的破坏过程非常相似,试验数据重复性很高,证明了此套加载系统的可行性与稳定性,保证了试验结果不因加载系统的波动而产生不可预估的试验误差,影响试验结果的准确性。

(2)拱顶加载-横向不约束

此部分试验为拱顶加载-横向不约束工况,通过拱顶三个Ⅰ型弧形梁处六个千斤顶对 H150 型格栅钢架浇筑成型的试验构件施加径向向内的等大荷载,不限制拱腰及边墙位置上Ⅱ、Ⅲ、Ⅳ、Ⅴ型弧形梁及仰拱Ⅵ型弧形梁处沿径向向外的位移。在加载的同时,于拱顶 3 个Ⅰ型弧形梁处设置位移计,对加载处的试验构件位移与变形进行实时量测。

①位移-荷载关系

此工况制作一个试件，进行了一次破坏性试验，试件对应的位移-荷载曲线如图2-52所示（图中荷载为每个弧形梁处的集中荷载，即两个千斤顶荷载）。各个试件的破坏荷载及对应的位移值见表2-17。

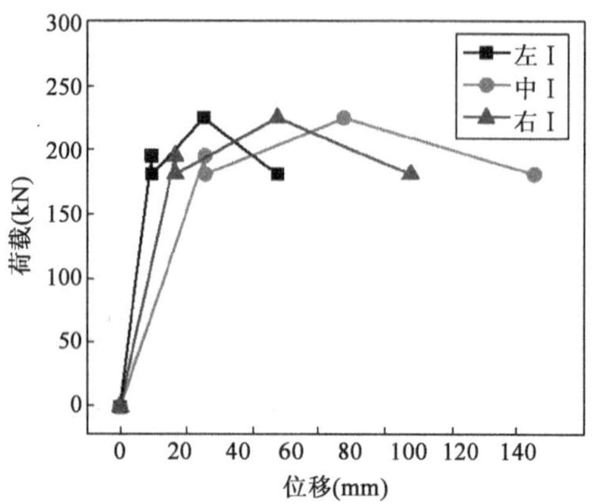

图2-52　H150型拱顶加载-横向不约束位移-荷载曲线

H150型拱顶加载-横向不约束极限荷载与位移　　表2-17

试件编号	极限荷载(kN)	换算围岩压力(kPa)	位移(mm)		
			左Ⅰ	中Ⅰ	右Ⅰ
试件一	225.03	125.02	25.13	67.305	47.225

②破坏形态

整个加载过程中，随着外荷载不断加大，结构开始在拱顶（加载处）内侧、左右边墙（非加载处、无约束处）外侧出现沿结构纵向的贯通裂缝，一直加载到接近千斤顶行程终点，结构裂缝持续扩张并向受拉侧开展，构件保有一定承载力，整个过程中结构构件并无突然的卸荷现象，如图2-53所示。

③过程及结果分析

从试验构件破坏过程可以看出：

a.加载伊始，拱顶（加载处）中Ⅰ内侧及边墙（非加载处）、右Ⅱ与右Ⅲ、左Ⅱ与左Ⅲ处便迅速出现沿结构纵向的贯通裂缝，并随着外荷载的增加不断增多而持续发展。此时，裂缝均为构件截面受拉侧混凝土应力达到混凝土抗拉强度而产生的弯拉破坏。此种破坏主要受混凝土抗拉强度、截面配筋率和钢筋直径的影响，而此试件的配筋较为集中，从而破坏主要受混凝土抗拉强度控制。

b.随着外荷载不断增加，结构位移同步增长，裂缝也逐渐发展，当停止增加外荷载时，位移持续增加，千斤顶油压降低，维持在一个较低的水平，当再次加载时，外荷载达到某个峰值后便不再增加，一旦外荷载停止增加，构件位移持续增加，千斤顶油压又降到一个较低水平。此种加载情况下，由于失去弧形梁及钢绞线束对非加载处的约束作用，结构构件极限承载力较低，一旦外荷载达到构件极限承载力，结构便开始变形，出现上述停止加载但结构位移依然增加的现象就是由于结构承载力低于停止加载时外荷载所致。

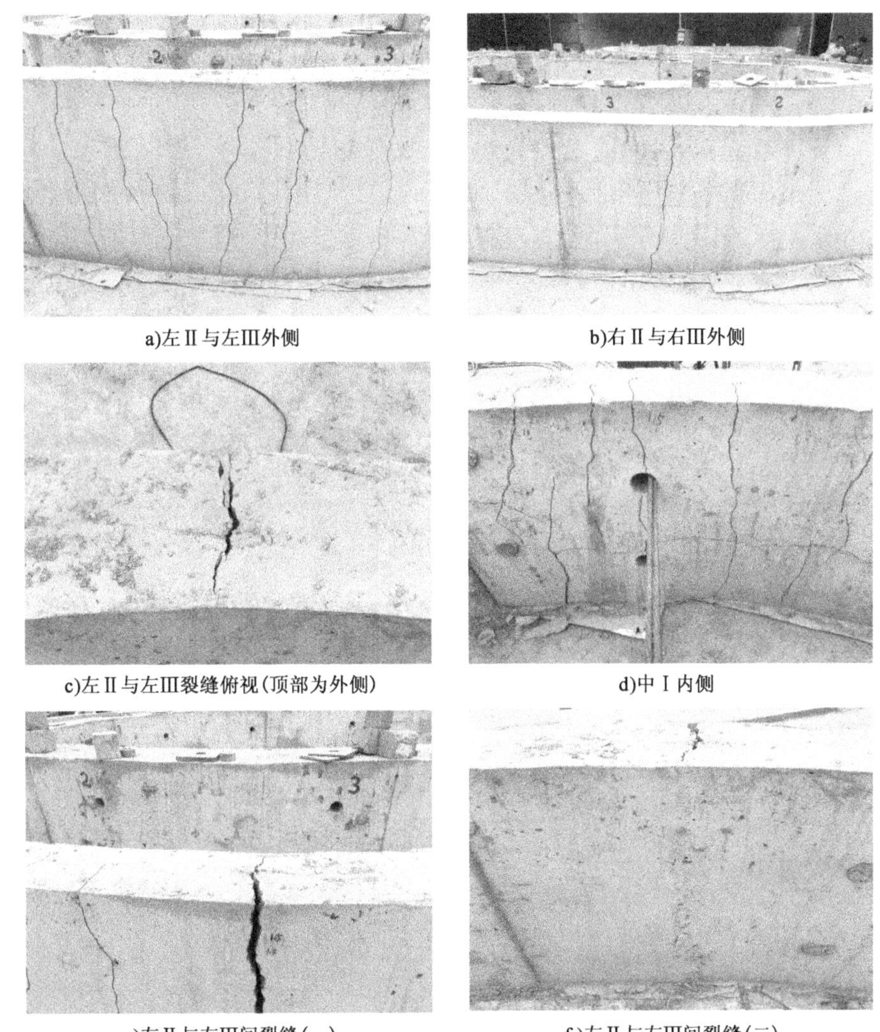

a)左Ⅱ与左Ⅲ外侧　b)右Ⅱ与右Ⅲ外侧

c)左Ⅱ与左Ⅲ裂缝俯视（顶部为外侧）　d)中Ⅰ内侧

e)左Ⅱ与左Ⅲ间裂缝（一）　f)左Ⅱ与左Ⅲ间裂缝（二）

图2-53　H150型拱顶加载-横向不约束加载破坏

c. 当外荷载不断增大，边墙处裂缝持续向受压侧发展，便出现如图2-53c）、

e)所示的情况，混凝土受压区面积急速减小，最终受压区混凝土应力达到混凝土受压强度而破坏，如图2-53f)所示。

2)横向加载

(1)横向加载-拱顶约束

此部分试验为横向加载-拱顶约束工况，通过拱腰及边墙位置上Ⅱ、Ⅲ、Ⅳ、Ⅴ型弧形梁十六个千斤顶对H150型格栅钢架浇筑成型的试验构件施加径向向内的等大荷载，同时限制拱顶三个Ⅰ型弧形梁及仰拱Ⅵ型弧形梁处沿径向向外的位移。在加载的同时，于拱腰及边墙位置上Ⅱ、Ⅲ、Ⅳ、Ⅴ型弧形梁处设置位移计，对加载处的试验构件位移与变形进行实时量测。

①位移-荷载关系

此工况共制作两个试件，进行了两次破坏性试验，各试件对应的位移-荷载曲线如图2-54、图2-55(图中荷载为每个弧形梁处的集中荷载，即两个千斤顶荷载)所示。各个试件的破坏荷载及对应的位移值见表2-18。

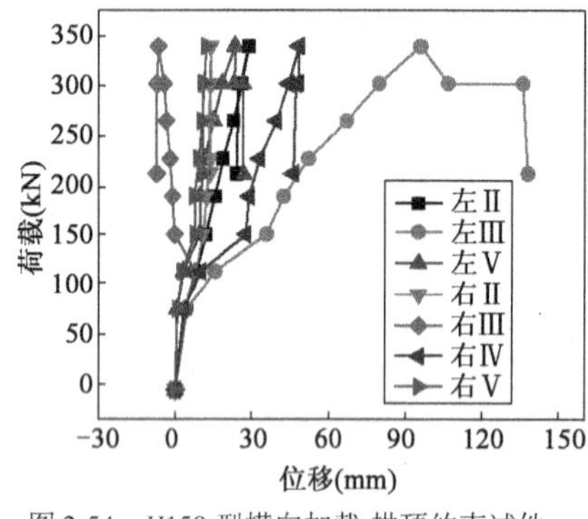

图2-54　H150型横向加载-拱顶约束试件一位移-荷载曲线

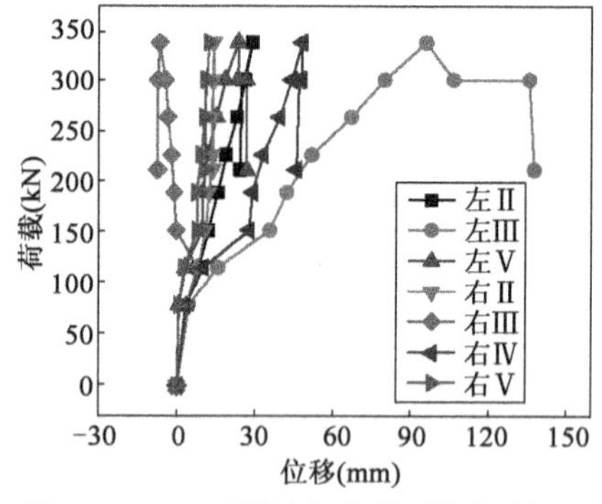

图2-55　H150型横向加载-拱顶约束试件二位移-荷载曲线

H150型横向加载-拱顶约束极限荷载与位移　　表2-18

试件编号	极限荷载(kN)	换算围岩压力(kPa)	位移(mm)							
			左Ⅱ	左Ⅲ	左Ⅳ	左Ⅴ	右Ⅱ	右Ⅲ	右Ⅳ	右Ⅴ
试件一	310.22	172.34	88.62	49.14	39.73	8.81	4.24	0	68.98	30.43
试件二	303.22	168.46	24.87	136.21	-362.51	26.74	13.86	-7.51	46.92	11.09
均值	306.72	170.46	—	—	—	—	—	—	—	—

②破坏形态

试件一于右Ⅳ与右Ⅴ之间出现混凝土压碎破坏，左右边墙内侧、左Ⅰ与左Ⅱ之间、右Ⅰ与右Ⅱ之间外侧均出现纵向裂缝，左反力墙外侧出现裂缝。如图2-56所示。

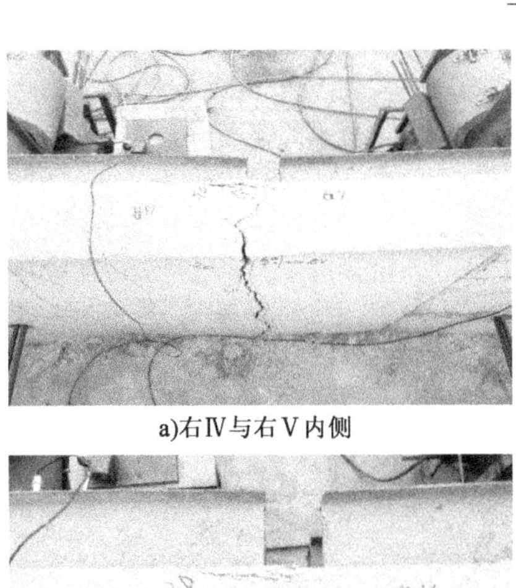

a)右Ⅳ与右Ⅴ内侧

b)右Ⅳ与右Ⅴ俯视

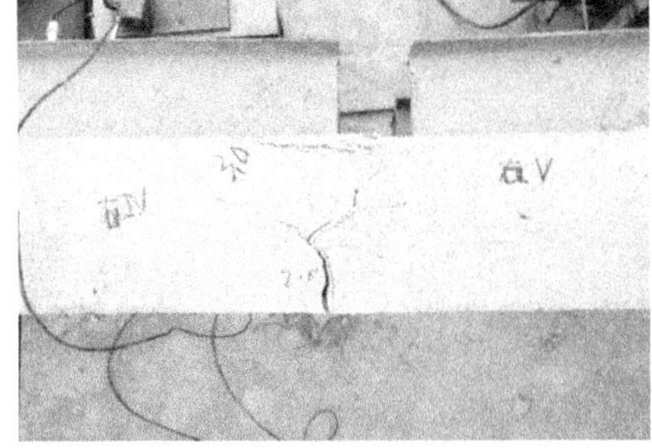

c)右Ⅳ与右Ⅴ俯视

d)右Ⅳ与右Ⅴ外侧

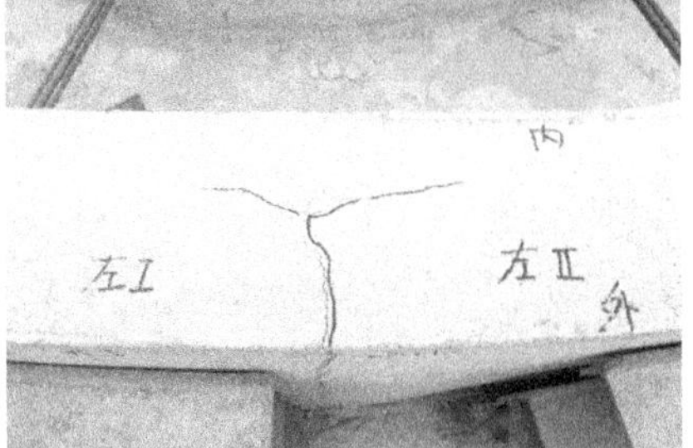

e)左Ⅰ与左Ⅱ外侧

f)右Ⅰ与右Ⅱ外侧

g)右反力柱

h)右Ⅵ内侧

图 2-56

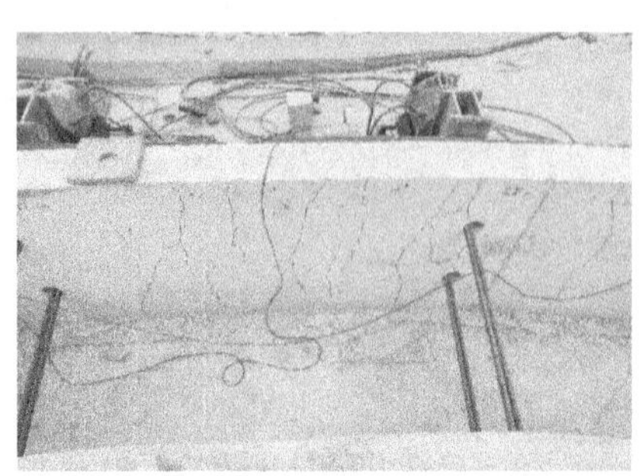

i)左Ⅲ内侧

j)右Ⅳ内侧

图 2-56　H150 型横向加载-拱顶约束加载破坏(试件一)

试件二于左Ⅲ与左Ⅳ之间出现混凝土压碎破坏,左右边墙位置内侧和拱腰外侧均有沿结构纵向的贯通裂缝,右反力墙处外侧出现裂缝。如图 2-57 所示。

a)左Ⅲ与左Ⅳ俯视(一)

b)左Ⅲ与左Ⅳ俯视(二)

c)左Ⅲ与左Ⅳ外侧

d)左Ⅲ与左Ⅳ内侧

图　2-57

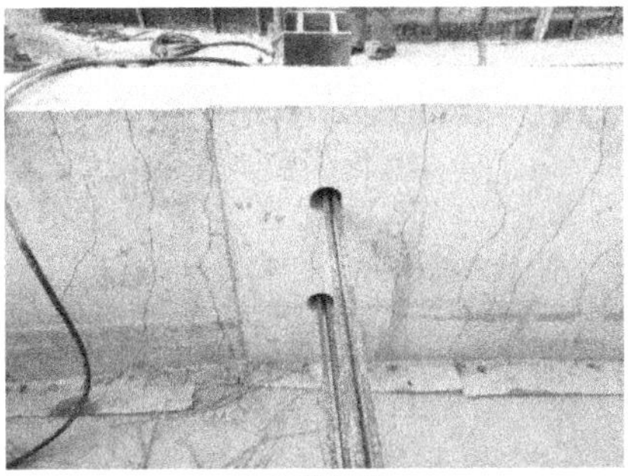

e)左Ⅳ内侧

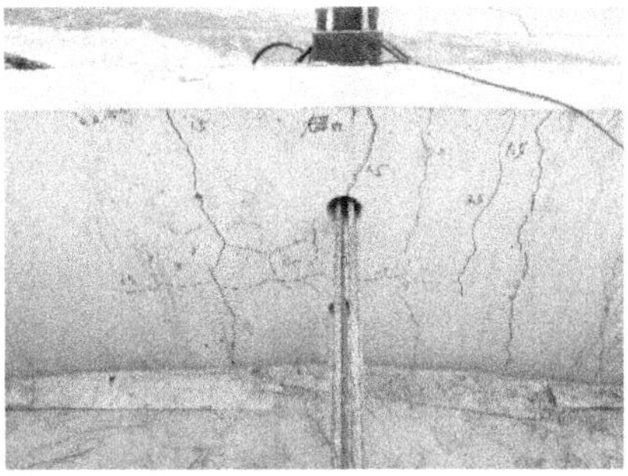

f)右Ⅲ内侧

g)右Ⅲ与右Ⅳ间内侧

h)右反力柱

i)左Ⅰ与左Ⅱ间外侧

j)右Ⅰ外侧

图2-57 H150型横向加载-拱顶约束加载破坏(试件二)

③过程及结果分析

对于H150型横向加载-拱顶约束工况,试件一的破坏极限荷载为310.22kN,破坏位置为右Ⅳ与右Ⅴ(右边墙),破坏时有效最大位移位于左Ⅱ,为88.62mm;试件二的破坏极限荷载为303.22kN,破坏位置为左Ⅲ与左Ⅳ(左边墙),破坏时有效最大位移位于左Ⅲ,为136.21mm。两个试件的破坏极限荷载非常接近,平均值为306.72kN,试件二的破坏承载力较试件一小2.26%。

(2)横向加载-拱顶不约束

此部分试验为横向加载-拱顶不约束工况,通过拱腰及边墙位置上Ⅱ、Ⅲ、Ⅳ、Ⅴ型弧形梁十六个千斤顶对H150型格栅钢架浇筑成型的试验构件施加径向向内的等大荷载,不限制拱顶三个Ⅰ型弧形梁及仰拱Ⅵ型弧形梁处沿径向向外的位移。在加载的同时,于拱腰及边墙位置上Ⅱ、Ⅲ、Ⅳ、Ⅴ型弧形梁处设置位移计,对加载处的试验构件位移与变形进行实时量测。

①位移-荷载关系

此工况制作一个试件,进行了一次破坏性试验,试件对应的位移-荷载曲线如图2-58所示(图中荷载为每个弧形梁处的集中荷载,即两个千斤顶荷载)。各个试件的破坏荷载及对应的位移值见表2-19。

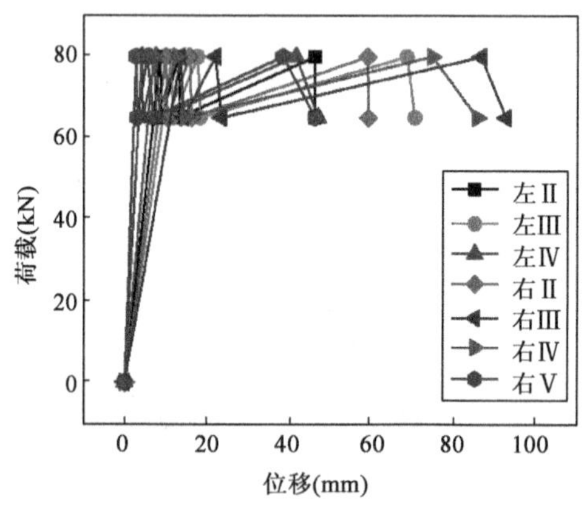

图2-58 单线H150型横向加载-拱顶不约束位移-荷载曲线

H150型拱顶加载-横向不约束极限荷载与位移 表2-19

试件编号	极限荷载(kN)	换算围岩压力(kPa)	位移(mm)							
			左Ⅱ	左Ⅲ	左Ⅳ	左Ⅴ	右Ⅱ	右Ⅲ	右Ⅳ	右Ⅴ
试件一	79.88	44.38	46.35	68.67	41.73	0	59.29	86.81	74.72	38.58

②破坏形态

整个加载过程中,随着外荷载不断加大,结构开始在左右边墙(加载处)内侧、拱顶及仰拱(非加载、无约束处)外侧出现沿结构纵向的贯通裂缝,一直加载到接近千斤顶行程终点,结构裂缝持续扩张并向受拉侧开展,构件保有一定承载力,整个过程中结构构件并无突然的卸荷现象。如图2-59所示。

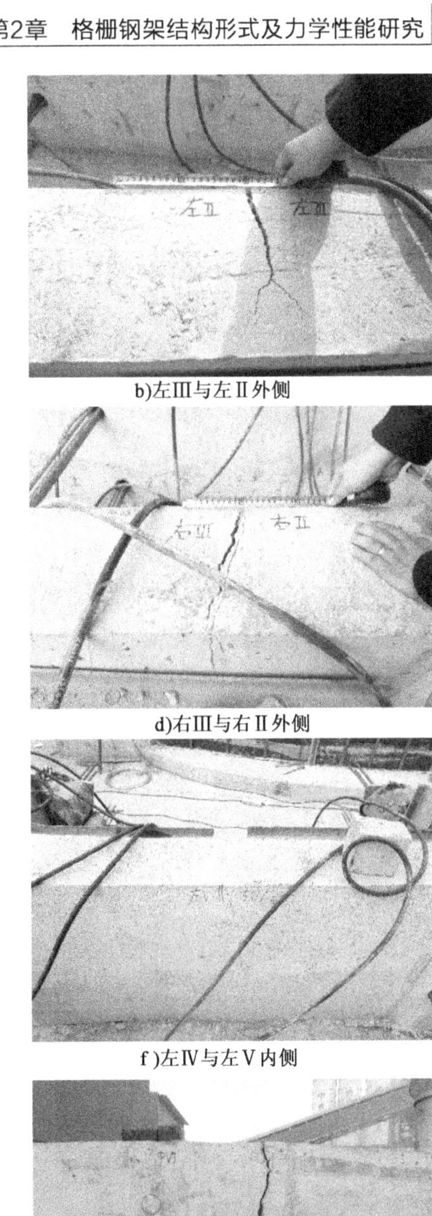

a)左Ⅲ与左Ⅱ内侧

b)左Ⅲ与左Ⅱ外侧

c)右Ⅲ与右Ⅱ内侧

d)右Ⅲ与右Ⅱ外侧

e)右Ⅳ与右Ⅴ内侧

f)左Ⅳ与左Ⅴ内侧

g)拱顶中Ⅰ外侧

h)仰拱中Ⅵ外侧

图 2-59　H150 型拱顶加载-横向不约束加载破坏

③过程及结果分析

从试验构件破坏过程可以看出：

a. 加载伊始，边墙左Ⅲ与左Ⅱ和右Ⅲ与右Ⅱ（加载处）内侧及拱顶Ⅰ型及仰拱Ⅵ型（非加载处）外侧便迅速出现沿结构纵向的贯通裂缝，并随着外荷载的增加不断增多，持续发展。此时，裂缝均为构件截面受拉侧混凝土应力达到混凝土抗拉强度而产生的弯拉破坏。此种破坏主要受混凝土抗拉强度、截面配筋率及钢筋直径影响，而此试件的配筋主要集中在截面形心处，从而破坏主要受混凝土抗拉强度控制。

b. 随着外荷载不断增加，结构位移同步增长，裂缝也逐渐发展，当停止增加外荷载时，位移持续增加，千斤顶油压降低，维持在一个较低的水平，当再次加载时，外荷载达到某个峰值后便不再增加，一旦外荷载停止增加，构件位移持续增加，千斤顶油压又降低到一个较低水平。此种加载情况下，由于失去弧形梁及钢绞线束对非加载处的约束作用，结构构件极限承载力较低，一旦外荷载达到构件极限承载力，结构便开始变形，出现上述停止加载结构但位移依然增加的现象就是由于结构承载力低于停止加载时外荷载所致。

c. 当外荷载不断增大，边墙处裂缝持续向受压侧发展，便出现如图2-59b）、d）所示的情况，但由于格栅钢架钢筋的存在，结构仍保有一定的残余承载能力和延性。

2.5.2 H180型格栅钢架试验

1）标准设计型拱顶加载

采用截面尺寸为 $b \times h = 180\text{mm} \times 180\text{mm}$ 的标准设计格栅钢架，与实际施工所用完全相同的C25喷射混凝土浇筑成截面尺寸为 $b \times h = 270\text{mm} \times 800\text{mm}$ 的钢筋混凝土构件。本次试验进行了标准设计拱顶加载-横向约束、拱顶加载-横向不约束及腹筋优化型拱顶加载-横向约束三种工况加载试验。如图2-60所示。

图2-60 双线H180型格栅钢架试验

(1)拱顶加载-横向约束

此部分试验为标准设计钢架拱顶加载-横向约束工况，通过拱顶五个Ⅰ型弧形梁处十个千斤顶对H180标准型格栅钢架浇筑成型的试验构件施加径向向内的等大荷载，同时限制拱腰及边墙位置上Ⅱ、Ⅲ型弧形梁及仰拱Ⅳ型弧形弧形梁处沿径向向外的位移。在加载的同时，于拱顶五个Ⅰ型弧形梁处设置位移计，对加载处的试验构件位移与变形进行实时量测。

①位移-荷载关系

此工况共制作两个试件，进行了两次破坏性试验，各试件对应的位移-荷载曲线如图2-61、图2-62所示，图中荷载为每个弧形梁处的集中荷载，即两个千斤顶荷载。各个试件的破坏荷载及对应的位移值见表2-20。

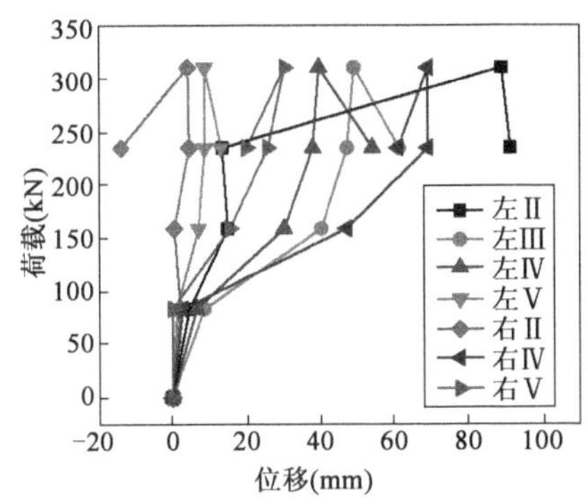

图2-61　双线H180标准型拱顶加载-横向约束位移-荷载曲线(试件一)

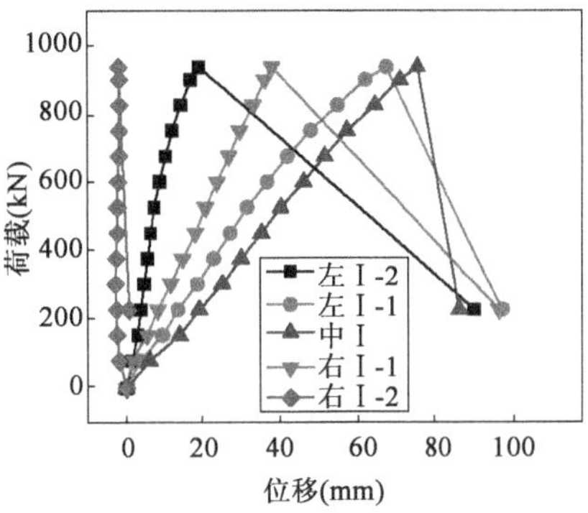

图2-62　双线H180标准型拱顶加载-横向约束位移-荷载曲线(试件二)

H180标准型拱顶加载-横向约束极限荷载与位移　　表2-20

试件编号	极限荷载(kN)	换算围岩压力(kPa)	位移(mm)				
			左Ⅰ-2	左Ⅰ-1	中Ⅰ	右Ⅰ-1	右Ⅰ-2
试件一	939.34	652.32	-7.16	50.29	110.4	76.31	14.85
试件二	936.03	650.02	18.8	67.13	75.3	37.54	-1.92
均值	937.68	651.17	—	—	—	—	—

为方便数据记录，与单线稍有不同，结合各型号弧形梁型号和试验结构部位在宏观俯视图中的位置(沿环向远离拱顶中间位置)对试验结构各分部进行对应编号。如结构分部编号“中Ⅰ”表示处于示意图中间位置的Ⅰ型弧形梁所对应结构部分，结构分部编号“右Ⅱ-2”表示处于示意图右边的Ⅱ型弧形梁所对应距离拱顶“中Ⅰ”第二远位置处的结构部分，以此类推，下同。

②破坏形态

试件一右Ⅲ处混凝土突然破碎，千斤顶油压突然下降，拱顶内侧有多条沿结构纵向的贯通裂缝，左Ⅱ-1 和右Ⅱ-1 外侧均有沿结构纵向的裂缝出现，中Ⅰ内侧出现沿结构环向的裂缝，加载过程中右Ⅲ内侧、右Ⅳ-1 内侧、左Ⅲ内侧和左Ⅳ-1内侧均出现沿结构纵向的裂缝。如图 2-63 所示。

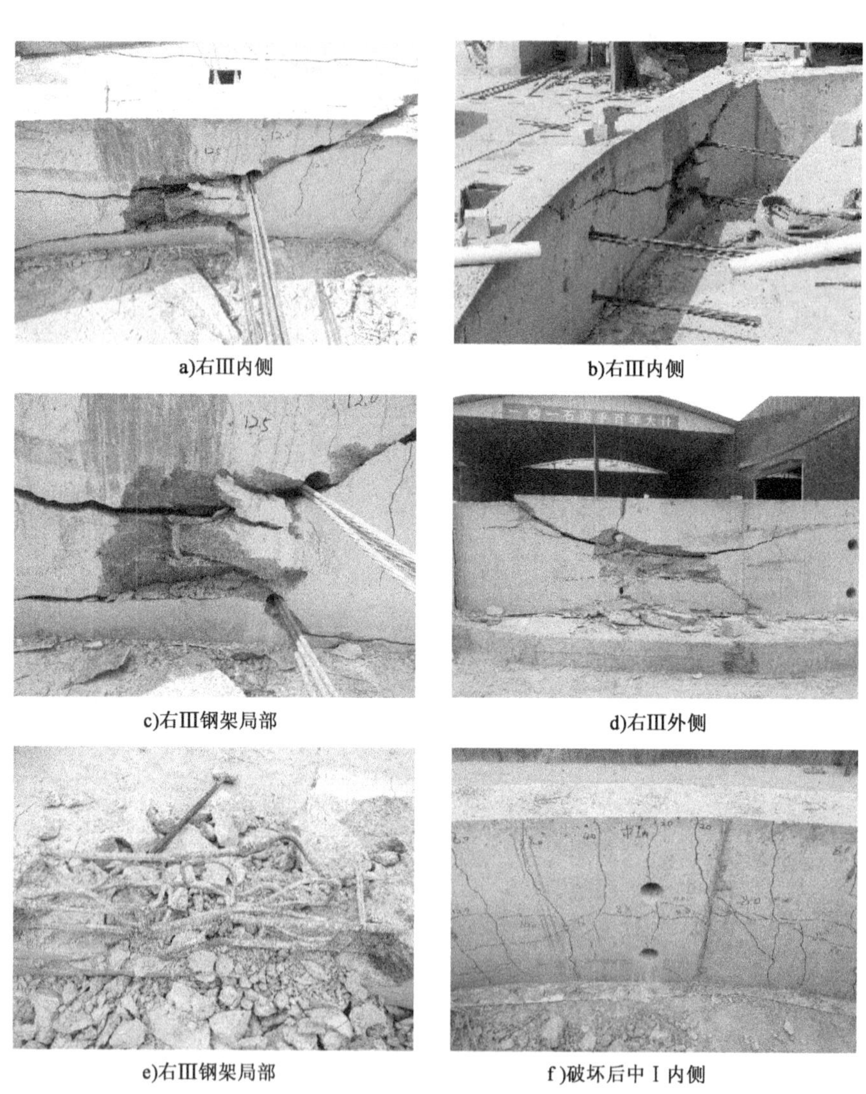

a)右Ⅲ内侧　b)右Ⅲ内侧

c)右Ⅲ钢架局部　d)右Ⅲ外侧

e)右Ⅲ钢架局部　f)破坏后中Ⅰ内侧

图　2-63

g)中Ⅰ内侧

h)中Ⅰ内侧

i)左Ⅳ-1内侧加载过程

j)左Ⅲ内侧加载过程

k)右Ⅲ内侧加载过程

l)右Ⅳ-1内侧加载过程

m)左Ⅱ-1外侧加载过程

n)右Ⅱ-1外侧加载过程

图2-63　H180标准型拱顶加载-横向约束加载破坏(试件一)

试件二右Ⅲ处混凝土突然破碎，外侧主筋断裂，千斤顶油压突降，拱顶内侧有多条沿结构纵向的贯通裂缝，左Ⅱ-1 和右Ⅱ-1 外侧均有沿结构纵向的裂缝出现，加载过程中左Ⅲ与右Ⅲ内侧均出现沿结构纵向的裂缝。如图 2-64 所示。

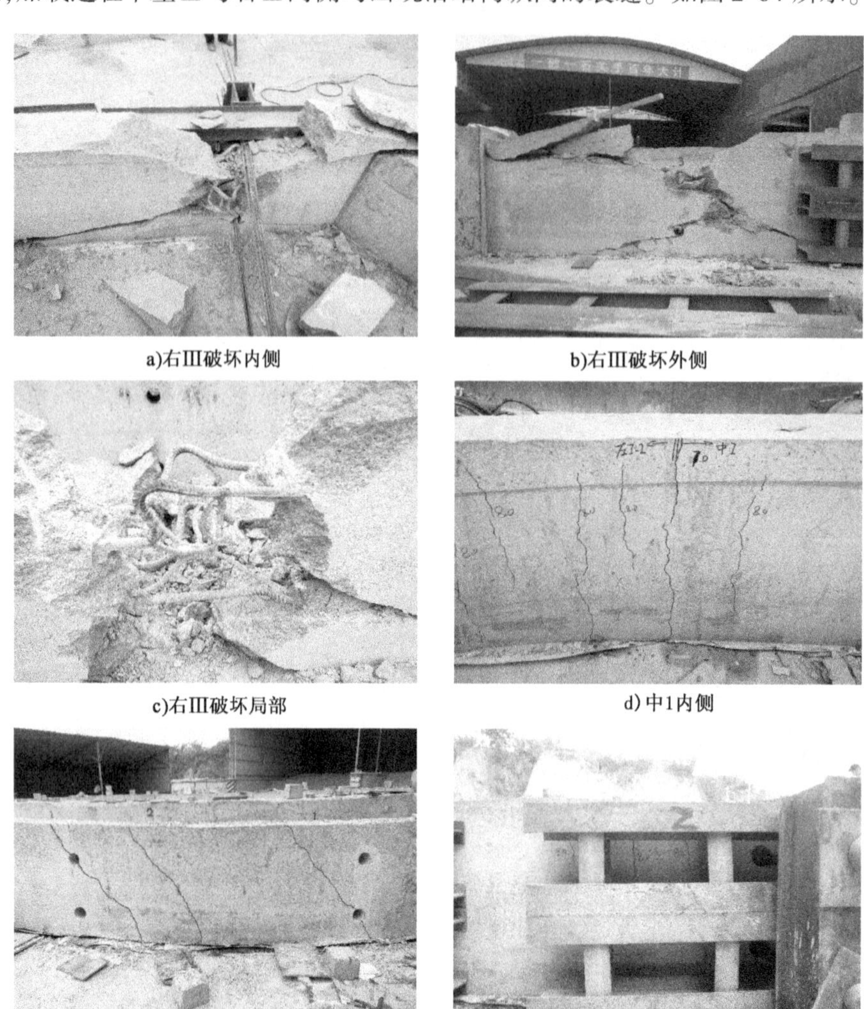

a)右Ⅲ破坏内侧　b)右Ⅲ破坏外侧

c)右Ⅲ破坏局部　d)中1内侧

e)右Ⅱ-1 破坏后外侧　f)左Ⅱ-1加载外侧

图 2-64　H180 标准型拱顶加载-横向约束加载破坏(试件二)

③过程及结果分析

对于 H180 标准型拱顶加载-横向约束工况，试件一的破坏极限荷载为 939.34kN，破坏位置为右Ⅲ，破坏时中Ⅰ处位移为 110.4mm；试件二的破坏极限

荷载为936.03kN，破坏位置为右Ⅲ，破坏时中Ⅰ处位移为75.3mm。两个试件的破坏极限荷载非常接近，平均值为937.68kN，试件二的破坏承载力较试件一小0.35%，中Ⅰ处位移小3.18%。

(2)拱顶加载-横向不约束

此部分试验为拱顶加载-横向不约束工况，通过拱顶五个Ⅰ型弧形梁处十个千斤顶对H180标准型格栅钢架浇筑成型的试验构件施加径向向内的等大荷载，不限制拱腰及边墙位置上Ⅱ、Ⅲ型弧形梁及仰拱Ⅳ型弧形弧形梁处沿径向向外的位移。在加载的同时，于拱顶五个Ⅰ型弧形梁处设置位移计，对加载处的试验构件位移与变形进行实时量测。

①位移-荷载关系

此工况制作一个试件，进行了一次破坏性试验，试件对应的位移-荷载曲线如图2-65(图中荷载为每个弧形梁处的集中荷载，即两个千斤顶荷载)所示。各个试件的破坏荷载及对应的位移值见表2-21。

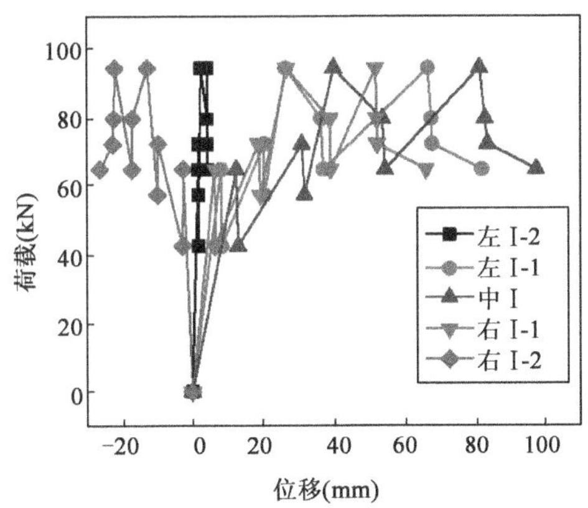

图2-65　H180标准型拱顶加载-横向不约束位移-荷载曲线

H180标准型拱顶加载-横向不约束极限荷载与位移　　表2-21

试件编号	极限荷载(kN)	换算围岩压力(kPa)	位移(mm)				
			左Ⅰ-2	左Ⅰ-1	中Ⅰ	右Ⅰ-1	右Ⅰ-2
试件一	94.77	65.81	4.12	66.49	81.29	51.5	-21.83

②破坏形态

整个加载过程中，随着外荷载不断加大，结构开始在拱顶(加载处)内侧、拱脚(Ⅱ型)外侧、左右边墙(非加载、无约束处)内侧出现沿结构纵向的贯通裂缝，一直加载到接近千斤顶行程终点，结构裂缝持续扩张并向受拉侧开展，构件保有一定承载力，整个过程结构构件并无突然的卸荷现象。如图 2-66 所示。

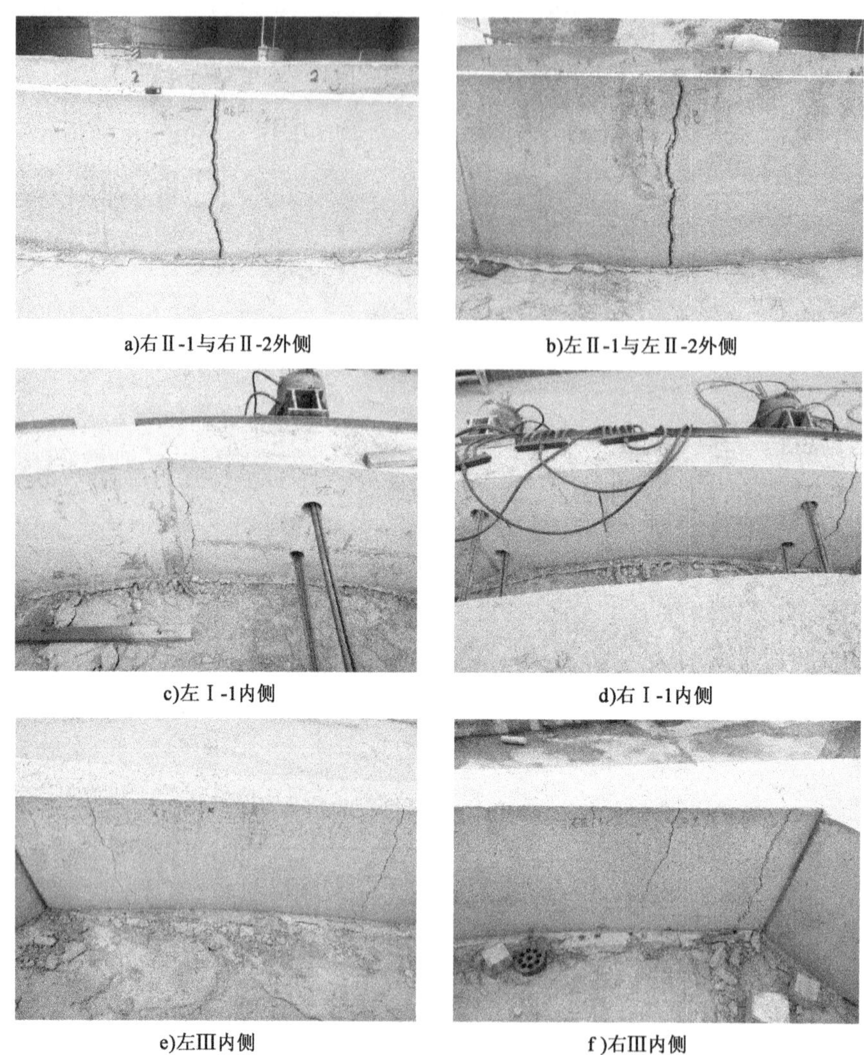

a)右Ⅱ-1与右Ⅱ-2外侧

b)左Ⅱ-1与左Ⅱ-2外侧

c)左Ⅰ-1内侧

d)右Ⅰ-1内侧

e)左Ⅲ内侧

f)右Ⅲ内侧

图 2-66　H180 标准型拱顶加载-横向不约束加载破坏

2)腹筋变化型拱顶加载

双线 H180 腹筋变化型格栅钢架均采用截面尺寸为 $b \times h = 180\text{mm} \times 180\text{mm}$ 的腹筋优化设计格栅钢架(图 2-67)，与实际施工所用完全相同的 C25 喷射混凝土浇筑成截面尺寸为 $b \times h = 270\text{mm} \times 800\text{mm}$ 的钢筋混凝土构件。本工况采用拱顶加载-横向约束的方式进行破坏性试验。

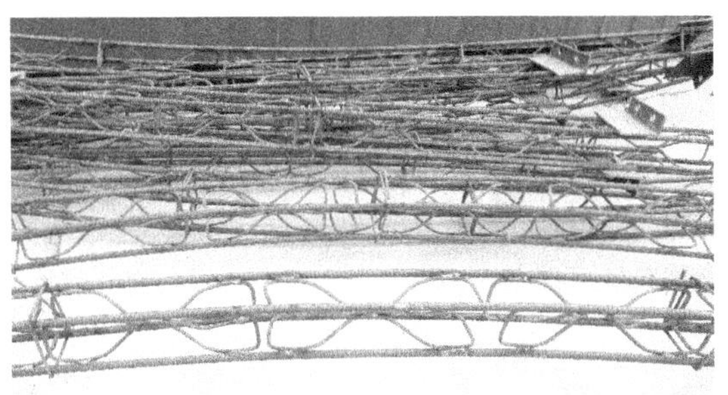

图 2-67　腹筋变化型 H180 格栅钢架

本工况试验通过拱顶五个Ⅰ型弧形梁处十个千斤顶对 H180 优化型格栅钢架浇筑成型的试验构件施加径向向内的等大荷载，同时限制拱腰及边墙位置上Ⅱ、Ⅲ型弧形梁及仰拱Ⅳ型弧形梁处沿径向向外的位移，加载方式同双线 H180 标准拱顶加载-横向约束。在加载的同时，于拱顶五个Ⅰ型弧形梁处设置位移计，对加载处的试验构件位移与变形进行实时量测。

(1)位移-荷载关系

此工况共制作一个试件，进行了一次破坏性试验，试件对应的位移-荷载曲线如图 2-68 所示，图中荷载为每个弧形梁处的集中荷载，即两个千斤顶荷载。试件的破坏荷载及对应的位移值见表 2-22。

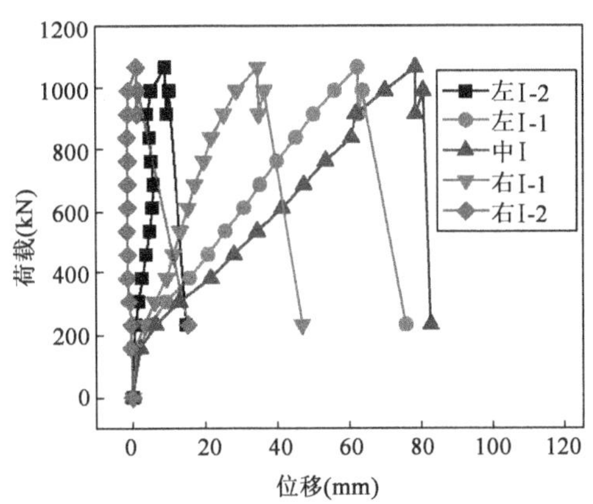

图 2-68　双线 H180 优化型拱顶加载-横向约束位移-荷载曲线

H180 优化型拱顶加载-横向约束极限荷载与位移　　表 2-22

试件编号	极限荷载(kN)	换算围岩压力(kPa)	位移(mm)				
			左Ⅰ-2	左Ⅰ-1	中Ⅰ	右Ⅰ-1	右Ⅰ-2
试件一	1066.46	740.60	9.16	62.7	78.7	34.68	1.17

(2)破坏形态

试件左Ⅲ处混凝土突然破碎,千斤顶油压突然下降,拱顶内侧有多条沿结构纵向的贯通裂缝。加载过程中,左Ⅱ-1 和右Ⅱ-1 外侧有多条沿结构纵向的裂缝出现,左Ⅲ内侧和右Ⅲ内侧出现沿结构纵向的裂缝,左Ⅲ内侧和左Ⅰ内侧出现沿结构环向的裂缝。如图 2-69 所示。

a)左Ⅲ内侧

b)左Ⅲ外侧

c)左Ⅲ钢架内侧

d)中Ⅰ内侧

e)右Ⅲ内侧加载过程

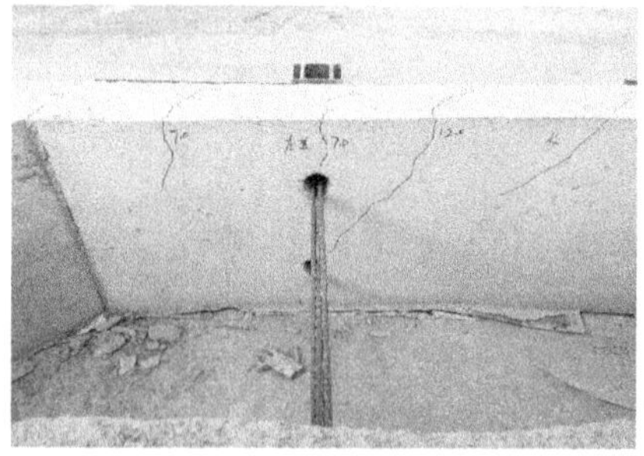

f)左Ⅲ内侧加载过程

图 2-69

g)左Ⅲ破坏过程(一)

h)左Ⅲ破坏过程(二)

图 2-69 H180 优化型拱顶加载-横向约束加载破坏

2.6 本章小结

本章采用模型试验和数值模拟的方法,对格栅钢架空钢架、格栅钢架喷射混凝土短构件和格栅钢架喷射混凝土全环结构进行了研究。主要对格栅钢架腹筋直径、主腹筋搭接焊缝长度、靠围岩侧主筋直径和箍筋的影响进行了参数化研究,对其位移-荷载曲线、极限承载力及破坏形式系数进行了多方面的分析和总结,得出以下结论。

1)对于短构件(格栅空钢架和格栅喷射混凝土短构件)

(1)通过对结果的对比研究,确定在格栅单独受荷条件下的最优腹筋直径是 10mm。8mm 的腹筋形式结构刚度较低,在钢架运输、安装过程中容易变形,因此不适宜于工程应用;在格栅与混凝土共同受荷时,不设置腹筋的格栅钢架承载能力不比浩吉铁路隧道设计的 14mm 腹筋格栅承载力低,因此有无腹筋对构件承载力没有影响,但无腹筋时的混凝土破坏时受拉区出现纵向裂缝,主筋之间无钢筋约束易使得混凝土破坏时被分割开来,延性较差。因此 10mm 的腹筋直径大小不但能为空钢架提供足够刚度,同时对在与混凝土共同作用时的承载能力有足够保证,极限破坏特征较好,具有一定延性。

(2)相比不考虑围岩反力作用的标准构件形式,考虑围岩反力作用的主筋优化构件的承载能力有较大幅度的提高。单侧 20mm 主筋的承载力提升 14%;单侧 16mm 主筋的承载力提升 8%。由此可见,在这两种设计工况中,因为围岩抗力约束截面曲率发展使得构件发生受压空至破坏,减小受拉侧主筋面积对承载力的影响不大。

(3)焊缝长度的重点是研究焊缝长度的缩短是否会降低构件的承载能力,

是否会在极限破坏时发生剪切破坏。试验结果证明焊缝强度满足连接强度要求,焊缝长度由 7cm 降低为 3cm 影响不大。

(4)对于本书研究设计的箍筋间距,箍筋的存在对于格栅钢架偏压条件下的承载力没有作用。

2)对于格栅钢架喷射混凝土全环结构

(1)混凝土极限强度控制结构构件的破坏。整个试验中,因格栅钢架只设置在试件截面形心处,对构件受拉侧混凝土受力助益甚微,而当构件处于轴向压力时又因截面太小,助益亦甚微,因此,整个构件破坏过程均由混凝土极限强度控制,钢筋仅在构件破坏后保证其不因混凝土破坏而完全丧失承载力,即保证构件的残余承载力、一定的延性和整体完整性。

(2)弧形梁的约束作用能极大地提高双线试验构件的极限承载力。本部分试验中利用弧形梁限制构件非加载位置的径向向外位移(即考虑围岩与整个初期支护密贴),都在极大程度上提高了结构构件的极限承载力。因此,对提高初期支护承载能力而言,确保施工过程中围岩与初期支护充分密贴具有事半功倍的效果。

(3)单线拱顶加载-横向约束受荷最为有利。整个试验中,钢架利用系数从高到低依次为:单线拱顶加载-横向约束、双线拱顶加载-横向约束(优化型与标准型)、单线横向加载-横向约束、单线拱顶加载-横向不约束、单线横向加载-拱顶不约束,综合考虑初期支护极限荷载、钢筋用量、利用系数、断面形式等因素,单线格栅钢架在拱顶受荷-横向约束时最能发挥钢架的极限承载力。

(4)腹筋直径减小对初期支护的极限承载能力影响不大。双线 H180 型格栅钢架的腹筋优化设计对初期支护的极限承载力及破坏方式没有影响。

(5)综合考虑单线与双线的破坏形式,构件多为轴向受压,且均为混凝土极限强度所控制的破坏,而格栅钢架钢筋在构件轴向受压时分担轴向压力很小,主要作用为提高结构后期残余承载力。

第3章 格栅钢架性能对比及优化研究

3.1 性能对比与结构优化依据

在格栅钢架性能对比与结构优化中既要考虑构件的承载能力，又要考虑构件自身的经济性价值，为此引入“隧道格栅支撑优化指数I”的概念，用以反映承载力与经济性价值两重因素的相关性大小。

$$I = \frac{P_i m_b}{m_i P_b} \tag{3-1}$$

式中：I——隧道格栅支撑优化指数；

P_i——优化工况构件的极限破坏荷载（kN）；

m_i——优化工况构件每延米质量（kg）；

P_b——标准构件的极限破坏荷载（kN）；

m_b——标准构件每延米质量（kg）。

优化指数反映了所优化工况的“性价比”，数值越大，优化性能越突出。$I>1.0$表示优化性能有提升，$I<1.0$表示优化性能有降低。

3.2 格栅钢架设计参数优化

3.2.1 腹筋直径优化

8字结腹筋作为格栅支撑的构造筋，起着固定骨架、形成整体受荷效应的作用。腹筋的强弱大小决定了结构的刚度大小，这在构件加工、运输、安装过程中起着很大作用。为此在优化腹筋的试验过程中设计了空钢架单独受荷和空钢架与喷射混凝土共同受荷这两种荷载环境，便于使最终的优化成果能够应用于工程实际，从初期工厂加工到后期永久使用都能有良好的表现。

1)空钢架单独受荷

空钢架单独受荷时腹筋直径为10mm的工况B-1三组试件的极限屈服荷载分别为152.17kN、141.03kN、148.46kN,平均值为147.22kN,比标准构造形式承载力低9.16%,考虑自身质量后的优化指数I较标准构造形式高出6%;数值模拟极限屈服荷载为167.6kN,优化指数I较标准构造形式高出13%。将标准构造形式工况1-1的p/m值设为基准1,则可得工况B-1、B-2的优化指数I,见表3-1。

格栅钢架单独受荷条件下优化性能 表3-1

试验工况	试验极限承载力(kN)				计算极限承载力(kN)	构件质量(kg)	优化指数	
	试件1	试件2	试件3	平均值			试验	计算
B-1(10mm)	152.17	141.03	148.46	147.22	167.6	29.86	1.06	1.13
B-2(8mm)	133.61	133.61	118.76	128.66	154.4	27.86	0.99	1.11
1-1(裸架)	159.59	170.73	155.88	162.07	173.6	34.91	1.00	1.00

直径为8mm的工况B-2三组试件的极限屈服荷载分别为133.61kN、133.61kN、118.76kN,平均值为128.66kN,比标准构造形式承载力低20.62%,考虑自身质量后的优化指数I较标准构造形式低1%;数值模拟极限屈服荷载为154.4kN,优化指数I较标准构造形式高出11%。

从表3-1可看出试件承载力随腹筋直径的减小而减小。直径为8mm的工况B-2在极限屈服荷载和优化指数两个方面均弱于14mm标准构造形式,且由于8mm直径的钢筋强度低,构件在加工运输过程中存在易变形等缺点,因此该种形式的设计不符合实际工程应用要求。直径为10mm的工况B-1,其承载力虽有所下降,但优化指数大于1.0。无腹筋的工况B-3没有进行空钢架单独受荷的试验,因为该种结构理论上没有适用性,仅作为格栅与喷混共同作用条件下一种极限情况进行对比。

2)格栅+喷射混凝土

与空钢架单独受荷形式不同,喷射混凝土后的构件极限破坏荷载呈现较强的离散性,这主要因为混凝土强度不均一。由模型试验结果可以看出,三种腹筋搭配形式的极限破坏荷载均与标准构造形式相近,B-1的均值破坏荷载为296.13kN,比1-1高0.13%,优化指数提升17%;B-2的均值破坏荷载为294.88kN,比1-1低0.29%,优化指数提升25%;B-3的均值破坏荷载为308.60kN,比1-1高4.4%,优化指数提升41%。数值模拟结果与模型试验基本一致。格栅钢架与混凝土共同受荷条件下优化性能见表3-2。腹筋优化对比分析如图3-1所示。

格栅钢架与混凝土共同受荷条件下优化性能　　表 3-2

试验工况	试验极限承载力(kN)				计算极限承载力(kN)	构件质量(kg)	优化指数	
	试件1	试件2	试件3	平均值			试验	计算
B-1(10mm)	299.87	292.39	296.13	296.13	278.0	29.86	1.17	1.17
B-2(8mm)	296.13	296.13	292.39	294.88	278.9	27.86	1.25	1.26
B-3(无腹筋)	307.36	307.36	311.10	308.60	278.1	24.32	1.41	1.44
1-1	284.80	303.00	299.40	295.73	276.8	34.91	1.00	1.00

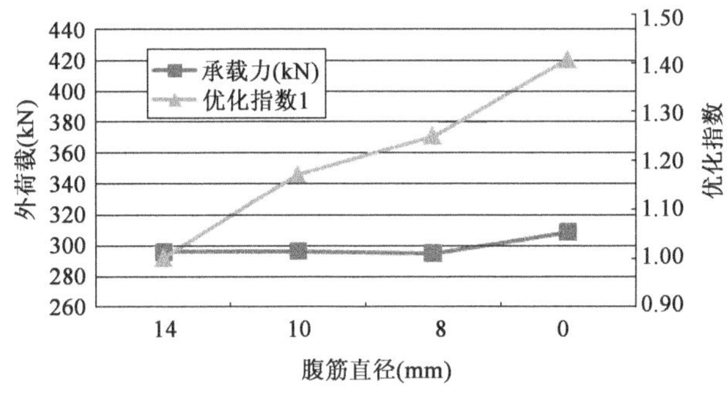

图 3-1　腹筋优化对比分析

工况 1-1、B-1、B-2 与 B-3 的腹筋直径依次减小,但承载能力基本不变。

B-3 的试验结果直接说明了在喷上混凝土后的格栅腹筋对于承载力的提升没有作用。因此在保证构造及不变形的前提下减小腹筋用钢量是完全可行且必要的。综合单独受荷下的试验结果及现场加工情况,确定 10mm 腹筋直径的 B-1 工况为最优。

3.2.2 主腹筋搭接焊缝长度

空钢架试验结果如表 3-3 所示,随着焊缝长度的减小,空钢架极限承载能力基本相等,由此可见,主腹筋焊缝搭接长度对于格栅单独受荷条件下的承载能力无影响,同时试验中未发生因焊缝强度不足而导致的结构局部破坏现象。

焊缝优化空钢架试验结果　　表 3-3

试验工况	试验极限承载力(kN)				计算极限承载力(kN)	构件质量(kg)	优化指数	
	试件1	试件2	试件3	平均值			试验	计算
1-1(裸架)	159.59	170.73	155.88	162.07	173.6	34.91	1.00	1.00
C-1(5cm)	163.31	159.59	170.73	164.54	174.6	34.91	1.02	1.01
C-2(3cm)	148.46	159.59	148.46	152.17	172.6	34.91	0.94	0.99

钢架喷射混凝土试验结果如表 3-4 所示，3cm 焊缝长度工况 C-2 模型试验与数值计算极限承载能力三组试件均值分别为 313.59kN 和 277.8kN，优化指数分别为 1.01 和 1.00。5cm 焊缝长度工况 C-1 模型试验与数值计算极限承载能力三组试件均值分别为 298.62kN 和 276.1kN，优化指数分别为 1.06 和 1.00。说明在缩短主腹筋焊缝搭接长度后格栅钢架与混凝土共同受荷时的承载能力并没有下降，与 7cm 焊缝长度 1-1 相近。

焊缝优化混凝土试验结果 表 3-4

试验工况	极限承载力(kN)				构件质量(kg)	承载力(kN)/质量(kg)	优化指数
	试件 1	试件 2	试件 3	平均值			
C-0(7cm)	284.80	303.00	299.40	295.73	34.91	8.47	1.00
C-2(3cm)	314.84	311.10	314.84	313.59	34.91	8.98	1.06
C-1(5cm)	292.39	307.36	296.13	298.62	34.91	8.55	1.01

减小焊缝长度对于提高格栅钢架加工效率、缩短人工作业时间是十分有效的，通过试验验证了焊缝长度的减小是合适的，对比优化结果可知 3cm 长的焊缝长度经济适用性最强。

3.2.3 靠围岩侧主筋优化

对于空钢架与喷射混凝土共同作用构件的极限破坏状态表现为受拉区混凝土开裂明显，钢筋屈服，受压侧混凝土达到极限压应变被压溃，承载力丧失。

1）不同受拉区钢筋面积的优化对比分析

按照试验工况的系列组合，在考虑了围岩抗力作用情况下两种主筋优化工况的极限承载力都比标准构造形式高，工况 A-1 三组试件模型试验与数值计算的极限荷载分别为 346.46kN 和 377.2kN，承载力相较标准构造形式相近；工况 A-2 三组试件模型试验与数值计算的极限荷载分别为 326.66kN 和 371.0kN，承载力相较标准构造形式相近。故在考虑围岩抗力作用条件下，减小受拉区主筋的用钢量对于承载力几乎没有影响，见表 3-5。

不同主筋配筋形式的优化性能 表 3-5

试验工况	试验极限承载力(kN)				计算极限承载力(kN)	构件质量(kg)	优化指数	
	试件 1	试件 2	试件 3	平均值			试验	计算
A-0	356.30	350.10	332.80	346.40	377.2	34.91	1.00	1.00
A-1	360.10	326.70	—	343.40	371.0	32.83	1.06	1.05
A-2	333.78	318.11	328.09	326.66	370.6	29.20	1.13	1.18

三种工况下使用的格栅钢架质量依次递减，质量最大的为标准构造形式，达34.91kg，最小的16mm主筋工况A-2质量为29.20kg，20mm主筋工况A-1质量为32.83kg。在优化指数方面，工况A-1试验与计算分别提升0.6%和0.5%，值分别为1.06与1.05；工况A-2试验与计算分别提升13%和18%，值分别为1.13与1.18。由此可见，在考虑围岩抗力作用时的靠围岩侧主筋可适当减小配筋量，而不会对结构承载力有显著影响，随着靠围岩侧主筋直径的减小，构件的重量降低，但承载力减小不大，在进一步考虑自身重量经济性价值因素后，双肢16mm的工况A-2优化指数最大，整体表现最优。

同时，通过对构件跨中等距进行三点约束加载的试验结果分析，这样的多点约束同样说明了在考虑围岩抗力作用时，靠围岩侧主筋适当减小对结构承载能力无明显影响，对该侧主筋进行优化是可行的。

2）同种主筋不同受力特性下的优化对比分析

以工况A-2为例对考虑围岩抗力作用条件的结构形式进行了不同受力特性下的试验比较，用以研究主筋优化结构在隧道复杂受荷条件下的承载力情况，见表3-6。

不考虑围岩约束的主筋优化对比分析 表3-6

试验工况	试验极限承载力(kN)				计算极限承载力(kN)	构件质量(kg)	优化指数	
	试件1	试件2	试件3	平均值			试验	计算
A-2	333.78	318.11	328.09	326.66	370.6	29.20	1.32	1.60
A-2-1	178.16	178.16	178.16	178.16	186.0	29.20	0.72	0.80
A-2-2	296.16	307.39	296.16	299.90	259.8	29.20	1.21	1.12
1-1	284.80	303.00	299.40	295.73	276.8	34.91	1.00	1.00

（1）不考虑围岩抗力作用情况下工况A-2-1的极限破坏荷载试验与计算的平均值分别为178.16kN和186.0kN，比标准构造1-1承载力分别降低40.90%和33.0%，优化性能分别降低28.0%和20.0%。表明受拉区主筋用钢量的减少对于构件承载力的影响是非常显著的，此种情况类似于纯弯构件中“少筋梁”，受拉区钢筋成为承载力大小控制因素，首先屈服，构件破坏。

（2）当优化主筋位于受压侧时，工况A-2-2的极限破坏荷载与标准构造形式基本相等，优化性能也有较大幅度提升。也就是说受压区钢筋面积的减小对于承载力影响有限，这种主筋优化结构形式在隧道正弯区域也能提供足够的承载力。

3.2.4 箍筋优化

箍筋的存在对于试件的极限承载力提升没有作用，这与该工况单独受荷时承载力减小情况相似。证明去掉箍筋不但不会影响结构强度,反而还能减少加工工序,提高加工效率,见表 3-7。

箍筋优化性能 表 3-7

试验工况	试验极限承载力(kN)				计算极限承载力(kN)	构件质量(kg)	优化指数	
	试件 1	试件 2	试件 3	平均值			试验	计算
D-1(有箍筋)	284.91	296.13	303.61	294.88	281.2	35.92	0.92	0.99
1-1	284.80	303.00	299.40	295.73	276.8	34.91	1.00	1.00

3.3 格栅钢架设计形式优化

基于以上格栅钢架设计参数进行优化,发现格栅钢架的主筋和腹筋形式可进行进一步优化。对于靠围岩侧主筋的优化,可以将方形截面格栅优化为三角形截面;对于腹筋的优化,可以将方形截面腹筋优化为 V 字结形式。根据以上优化思路,确定格栅钢架设计形式优化工况,见表 3-8。

格栅钢架设计形式优化工况设计表 表 3-8

试验情况	工况编号	断面形状	纵向配筋	靠围岩侧主筋	腹(辅)筋形式	腹(辅)筋直径(mm)	焊缝长度(cm)	是否考虑围岩抗力	构件质量(kg)
新型结构	E-1	三角撑	$1\times\phi16+2\times\phi22$	$1\times\phi16$	8 字结	10	3	是	18.60
								3 点约束	
	E-1-1	三角撑	$1\times\phi16+2\times\phi22$	$2\times\phi16$	8 字结	10	3	否	18.60
	E-2	三角撑	$3\times\phi22$	$1\times\phi22$	8 字结	10	3	是	18.60
								3 点约束	
	F-1	方形	$2\times\phi16+2\times\phi22$	$2\times\phi16$	V 字结	10	3	是	25.79
	F-2	方形	$4\times\phi22$	$2\times\phi22$	V 字结	10	3	否	31.50

3.3.1 三肢主筋轻型格栅钢架

1)构造形式

结构构造参数如下:

工况 E-1 截面尺寸:截面高宽尺均为标准 150mm;主筋:截面为由三肢主筋构成的等腰三角形形式,靠围岩侧 16mm 螺纹钢 N1 搭配远围岩侧两根 22mm 的

螺纹钢 N2、N3，构件纵向长度 2200mm；腹筋：单片 8 字花形式，高度为 106mm，宽度为 138mm，长度为 450mm，钢筋直径为 10mm；主腹筋搭接焊缝长度：3cm；腹筋间距：60mm；箍筋：无。结构构造示意图如图 3-2 所示。

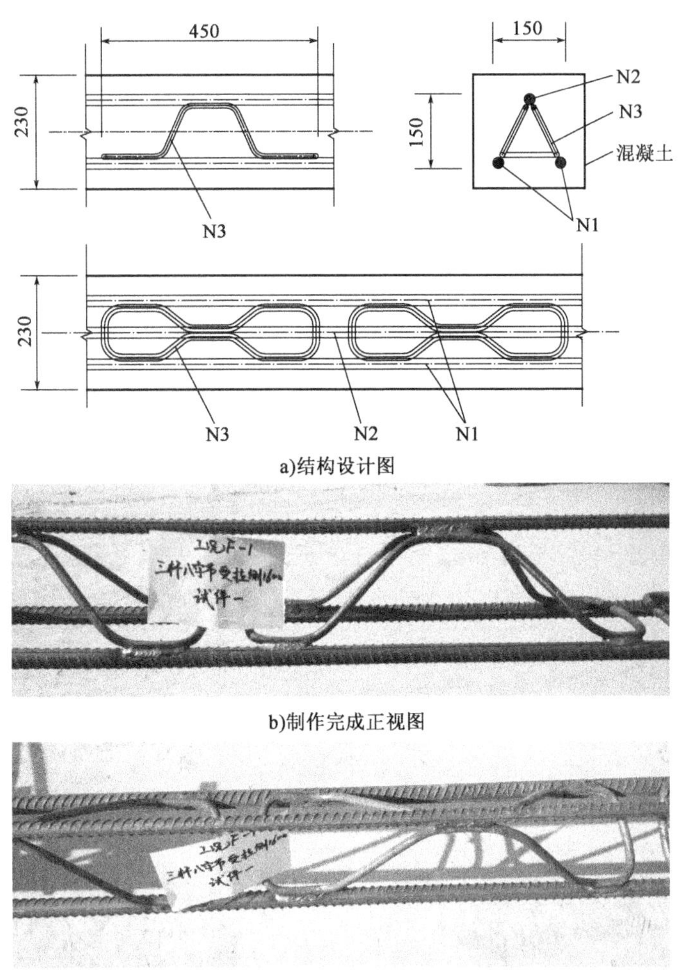

a)结构设计图

b)制作完成正视图

c)制作完成俯视图

图 3-2　三肢主筋形式的格栅钢架结构构造形式(尺寸单位：mm)

工况 E-2 的三根主筋 N1、N2、N3 直径均为 22mm，其他参数与 E-1 完全相同。

2)优化对比分析

针对新型三肢主筋轻型格栅钢架，首先需要研究在配筋率不变的情况下，截面形状改变对格栅承载力的影响,因此需要对比分析工况 A-2 与 E-2。两个工况主筋的截面面积相同,截面形状不同,见表 3-9。

三角形截面对承载力的影响　　表 3-9

试验工况	试验极限承载力(kN)				计算极限承载力(kN)	构件质量(kg)	优化指数	
	试件 1	试件 2	试件 3	平均值			试验	计算
A-2	363.78	308.09	308.09	326.66	370.6	29.20	1.30	1.60
E-2	296.13	292.39	296.13	294.88	294.6	23.77	1.39	2.00
1-1	284.80	303.00	299.40	295.73	276.8	34.91	1.00	1.00

当主筋配筋率相同,截面形式由方形变为三角形后的格栅承载力极限值减小 9.7%。三角形截面形式使得腹筋用量相比 1-1 减小很多,考虑构件自身重量后,E-2 的优化指数提升 39%,这种结构形式单位重量承载力贡献值更大,说明构造合理,因此可以进一步优化靠围岩侧主筋。

如表 3-10 所示,E-1 三组试件试验平均承载力与计算的极限承载力分别为 295.72kN 与 257.6kN。在考虑构件自身重量情况下,E-1 的优化指数是三者中最高的,试验比 1-1 高出 61%,计算比 1-1 高出 75%,与 A-2 相近。可见这种结构设计形式在承载力降低很小的情况下优化指数却有很大提升,这得益于良好的结构设计形式,同时也说明该种设计形式的格栅钢架用于隧道实际中是合适的。

三肢主筋格栅钢架优化性能　　表 3-10

试验工况	试验极限承载力(kN)				计算极限承载力(kN)	构件质量(kg)	优化指数	
	试件 1	试件 2	试件 3	平均值			试验	计算
1-1	284.80	303.00	299.40	295.73	276.8	34.91	1.00	1.00
A-2	363.78	308.09	308.09	326.66	370.6	29.20	1.60	1.60
E-1	289.53	270.97	326.66	295.72	257.6	18.60	1.61	1.75
E-1-1	298.35	295.02	298.35	297.24	248.6	18.60	1.60	1.69

另外,当隧道出现反弯,所优化的主筋承受压力时的试验工况 E-1-1 表现与 E-1 相差无几,该种结构形式在正反弯条件下能够提供均衡的承载能力。试件的破坏模式如图 3-3、图 3-4 所示。截面优化承载力-挠度曲线汇总图如图 3-5 所示。

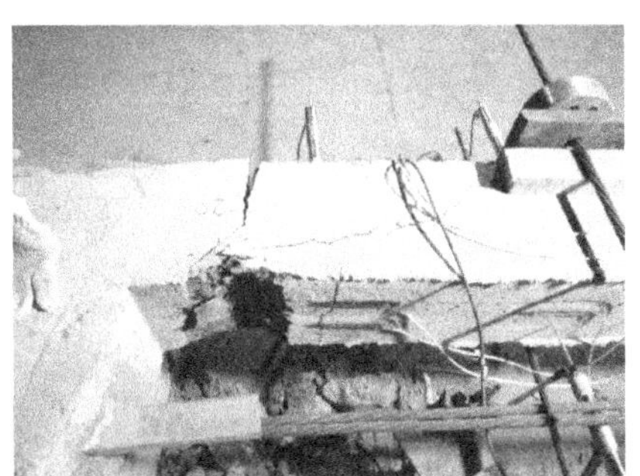

图 3-3　靠围岩侧 16mm

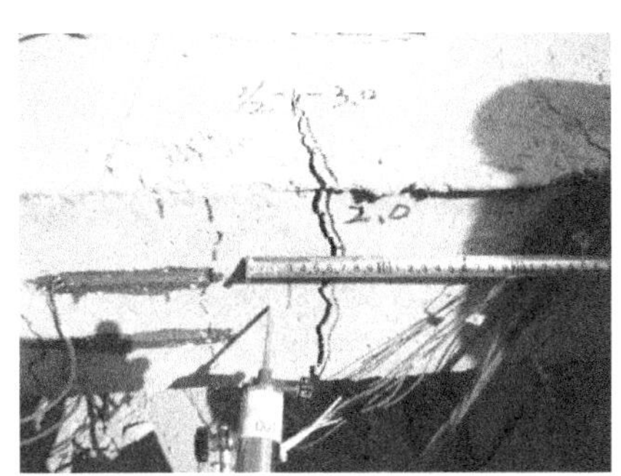

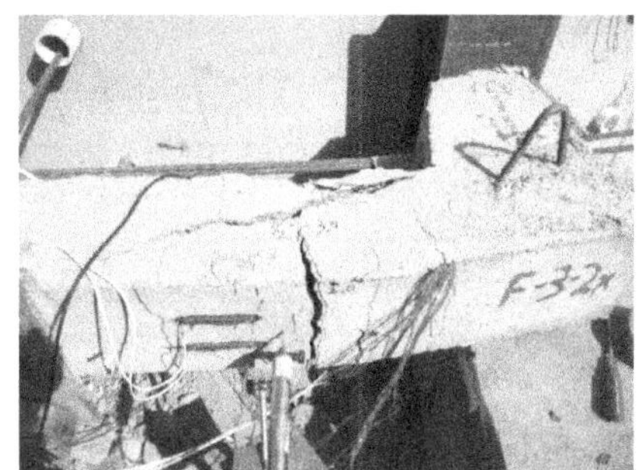

图 3-4　靠围岩侧 22mm

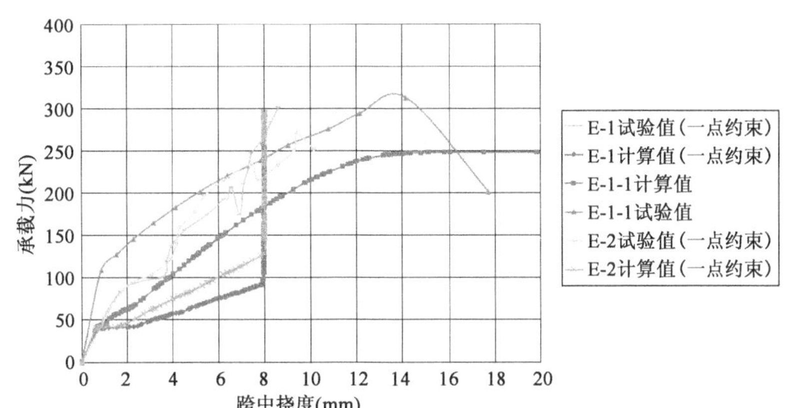

图 3-5　截面优化(三肢主筋轻型格栅钢架)承载力-挠度曲线汇总

3.3.2　四肢变腹筋新型格栅钢架

1)构造形式

结构构造参数如下:

构件及截面尺寸:试验构件纵向长 2200mm,钢架依然按 H150 型设计,钢筋外缘高宽均为 150mm。

(1)主筋尺寸及位置:工况 F-1 的两根 16mm 钢筋布设在截面上侧(靠围岩侧),两根 22mm 钢筋布设在截面下侧;工况 F-2 四根 22mm 钢筋依次布设在截面四个角点位置。

(2)腹筋形式及位置:腹筋用 10mm 钢筋加工而成,构造形式及尺寸如图 3-6a)所示。腹筋布置在截面竖向两排主筋之间,同一排内腹筋依次接触排列,两排内的腹筋交错布置。如图 3-6a)、图 3-6b)所示。两侧主筋用 8mm 盘钢制作而成。

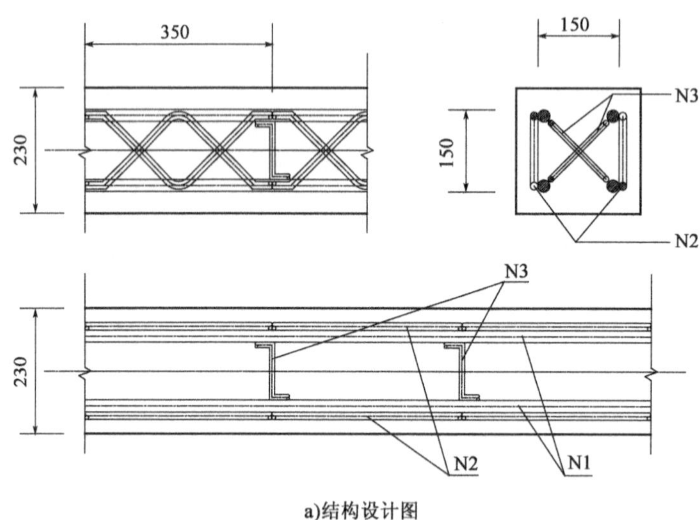

a)结构设计图

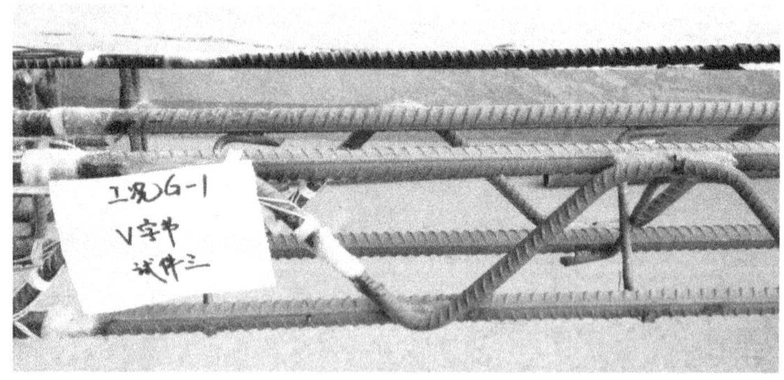

b)结构制作完成局部示意图

图 3-6　四肢变腹筋形式的格栅钢架结构构造形式(尺寸单位:mm)

(3)焊缝长度:所有主腹筋搭接位置焊缝长度均为3cm。

2)优化对比分析

从试验结果可知,具有相同主筋配置的工况F-2与1-1相比,极限承载能力有较大提升,提升幅度达到10.7%,同时这种新型格栅形式的自身质量还有一定程度的下降,综合后其优化性能提升更大,由此可知,提出的该种格栅不但便于加工制作,同时还有更好的受力性能。

工况F-1在F-2基础上考虑围岩抗力作用,靠围岩侧主筋用钢量减少,三组试件的试验的平均极限承载力和计算的极限承载力分别为313.5kN和373.6kN,与1-2相比有所降低,但其优化指数分别提升了41%和50%,见表3-11。

四肢变腹筋形式的格栅钢架结构优化性能　　表3-11

试验工况	极限承载力(kN)				构件质量(kg)	承载力/质量	优化指数
	试件1	试件2	试件3	平均值			
1-1	284.80	303.00	299.40	295.73	34.91	8.47	1.00
1-2	356.30	350.10	332.80	346.40	34.91	9.92	1.00
F-1	307.36	307.36	326.06	313.59	22.45	13.97	1.41
F-2	314.84	333.55	333.55	327.31	31.50	10.39	1.23

对比F-1、F-2可知,F-1在考虑围岩抗力作用时的承载力比未考虑围岩抗力作用的F-2的承载力低,这与工况A-1和A-2的情况相反,分析其原因在于F工况的腹筋为新的设计形式,在隧道衬砌受力中沿隧道方向的纵向上有很强的约束,刚度也非常大,几乎可忽略该方向上的变形。而在试验过程中并没有考虑隧道纵向的约束限制有利因素,构件四面的混凝土保护层厚度均为40mm,同时由于腹筋是沿截面竖向两排钢筋面内布置,这两个面的刚度大,而这两个面外侧混凝土薄弱,强度不够,截面横向刚度分布差异大,在加载过程中两排钢筋片容易向外侧翘曲,且混凝土保护层对其无限制,故承载力提升不够显著,在实际隧道应用中该种设计形式的格栅钢架性能表现会更优,这在破坏形态中可以看出。如图3-7、图3-8所示。

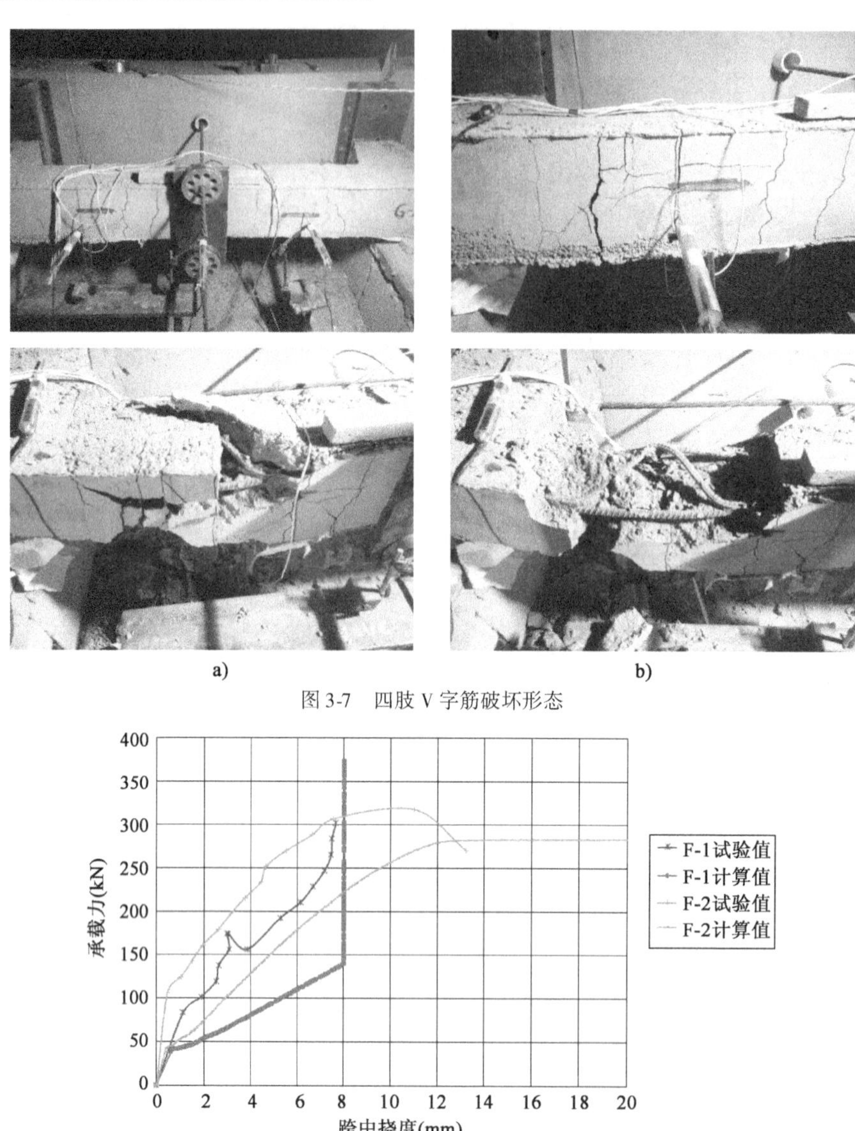

图3-7　四肢V字筋破坏形态

图3-8　截面优化(四肢V字筋新型格栅钢架)承载力-挠度曲线汇总

3.4　格栅钢架结构优化应用

3.4.1　工程概况

格栅钢架结构优化试验段位于浩吉铁路万荣隧道,万荣隧道地处山西省运城市万荣县境内，起讫里程为 DK555 + 117 ~ DK562 + 800，全长 7683.0m，隧道最大埋深约为 90.25m。该隧区下穿峨嵋台地，峨嵋台地为黄土塬，顶部地形平缓，台地边缘地形起伏较大，冲沟发育，与汾河三级阶地相接，相对高差约 130m，隧道进口位于台地中下部，山坡自然坡度 5° ~ 8°，出口处位于台地顶部，地形平坦。万荣隧道位于汾渭断陷之峨嵋台地隆起，基底为复背斜。该背斜轴部位于角杯—孤峰山—稷王山一线，走向大致呈北东 45°展布。地下水不发育，未见常年地表性径流。隧道所在范围内地层多为砂质新老黄土、黏质新老黄土、粉砂、细砂，基底承载力为 210kPa。万荣隧道原设计采用三台阶工法进行开挖掘进，如图 3-9 所示。

a)万荣隧道三台阶法开挖

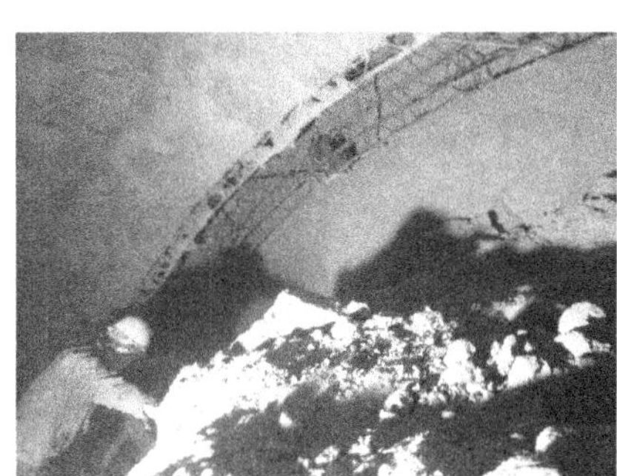

b)格栅钢架架设

图 3-9 万荣隧道现场施工

支护结构设计为 V_b(土)型复合衬砌，其中初期支护 H230 型格栅钢架网喷 C25 混凝土，格栅钢架间距 60cm，喷射混凝土厚度 30cm，具体支护参数见表 3-12。

万荣隧道 V_b(土)型复合衬砌支护参数 表 3-12

C25 喷射混凝土		钢筋网			格栅钢架		
部位	厚度(cm)	部位	钢筋直径(mm)	网眼尺寸(cm)	部位	型号	间距(m)
全环	30	全环	φ8	20 × 20	全环	H230	0.6

3.4.2 优化应用试验方案

1)万荣隧道试验段概况

格栅钢架结构优化现场试验选取万荣隧道里程 DK560 + 131 ~ DK560 + 191 和 DK560 + 245 ~ DK560 + 275 作为现场试验段。所处试验段均为Ⅴ级围岩，隧道拱部地层为砂质老黄土及粉砂，洞身、边墙及基底地层为砂质老黄土，稍湿，密实，呈松软结构。该试验段于2016年12月开始埋设传感器，同时开始进行量测及数据收集，于2017年4月7日最后一个试验断面格栅钢架喷射混凝土支护封闭成环，传感器埋设完成，历经5个月有余。

基于格栅钢架局部试验结果，设计了标准工况设计形式、腹筋优化形式与综合优化形式共计90m长的试验段进行格栅钢架优化现场试验，每个工况试验段长度为30m，其中前10m和后10m分别设置为过渡段，中间10m每间隔5m设置试验量测断面，三类格栅钢架优化试验形成交叉对比关系。格栅钢架优化试验段工况及主要参数、对应里程见表3-13。

格栅钢架优化现场试验工况、主要参数及对应里程 表3-13

试验工况	标准设计段	腹筋优化段	综合优化段
主筋直径-1(mm)	$4\times\phi22$	$4\times\phi22$	$2\times\phi22+2\times\phi16$
腹筋直径(mm)	14	10	10
围岩侧主筋直径-2(mm)	$2\times\phi22$	$2\times\phi22$	$2\times\phi16$
试验段长度(m)	30	30	30
试验段起始里程	DK560+275	DK560+191	DK560+161
试验段结束里程	DK560+245	DK560+161	DK560+131
试验断面里程	DK560+264.7	DK560+181	DK560+151.6
	DK560+260.7	DK560+175.9	DK560+145.8
	DK560+255.4	DK560+171	DK560+140.8

注：1. 试验中既有对称配筋，也有非对称配筋。对称配筋以$4\times\phi22$为例，“4”表示钢筋根数，“22”表示钢筋直径，单位mm；非对称配筋以$2\times\phi22+2\times\phi16$为例，“2”表示钢筋根数，“16”“22”均表示钢筋直径，单位mm。

2. 靠围岩侧主筋即为格栅钢架贴近围岩一侧的主筋，同注1，“2”表示钢筋根数，“16”“22”均表示钢筋直径，单位mm。

标准设计试验段隧道支护采用原设计支护形式，标准设计试验段起于DK560+275，止于DK560+245；腹筋优化试验段采用原设计基础上优化腹筋直径后的格栅钢架喷射混凝土支护形式，腹筋优化试验段起于DK560+191，止于DK560+161；综合优化试验段支护结构采用在原设计基础上同时优化腹筋及围岩侧主筋直径后的格栅钢架喷射混凝土支护形式，综合优化试验段起于DK560+161，止于DK560+131，开挖方向均为小里程方向，如图3-10所示。

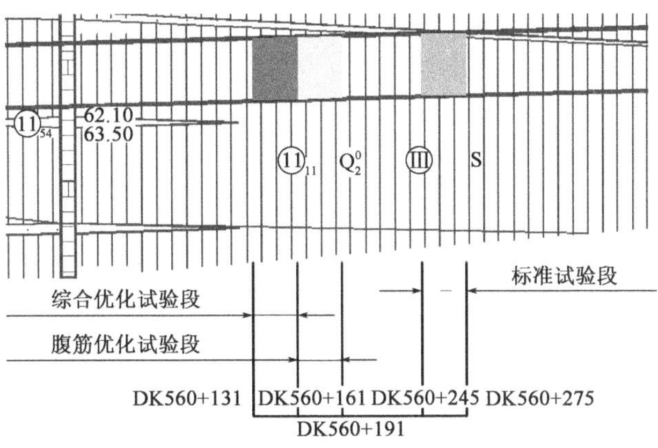

图 3-10 格栅钢架结构优化试验段布设示意图

各试验段格栅钢架结构如图 3-11 所示。

a)标准设计钢架

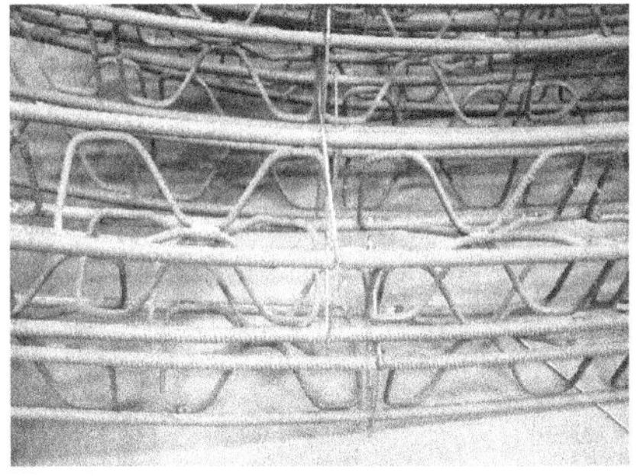

b)标准设计钢架细部

c)腹筋优化钢架

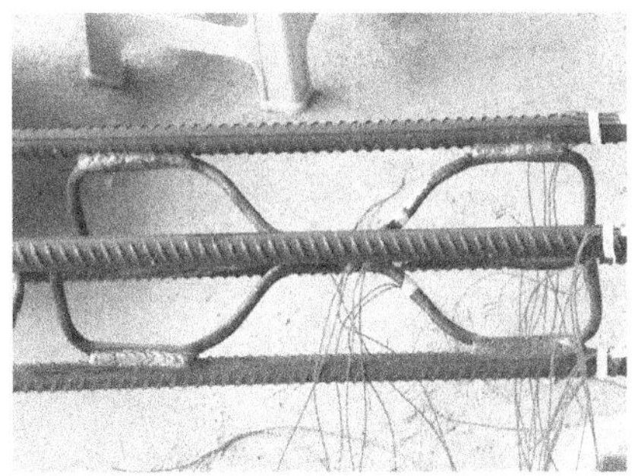

d)腹筋优化钢架细部

图 3-11

e)综合优化钢架

f)综合优化钢架细部

图 3-11　格栅钢架结构优化试验工况图

2)格栅钢架结构优化试验量测方案

格栅钢架结构优化试验量测分为三大类,分别为围岩收敛变形量测、格栅钢架内力量测、围岩-初期支护接触压力量测。围岩收敛变形采用徕卡 TS06 全站仪进行量测,设五个测点、两条测线。格栅钢架内力和围岩-初期支护接触压力量测分别采用 ZX-4XX 型钢筋应力计和振弦式土压力盒,每个试验断面在格栅钢架拱顶、拱腰、边墙、墙脚和仰拱处均设 1 个测位,共计 8 个测位,每个测位布设 1 个土压力盒和 2 个钢筋应力计,共计 24 个传感器。现场试验测点布设如图 3-12所示,量测仪器、传感器埋设如图 3-13 所示,现场数据采集如图 3-14 所示。

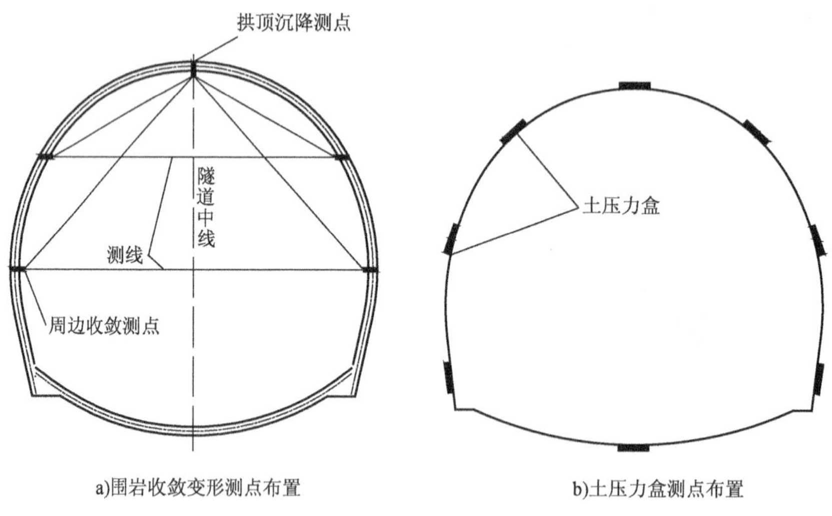

a)围岩收敛变形测点布置　　b)土压力盒测点布置

图　3-12

c)钢筋应力计测点布置

图 3-12 围岩及初期支护测点布置示意图

a)全站仪

b)全站仪校准

c)围岩量测测点布设(一)

d)围岩量测测点布设(二)

图 3-13

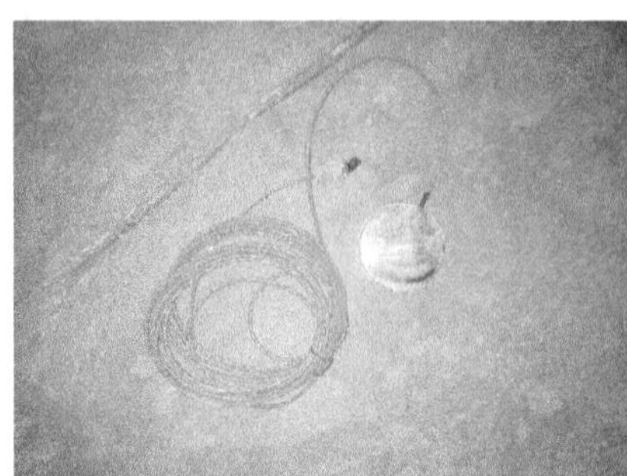

e)土压力盒

f)土压力盒埋设

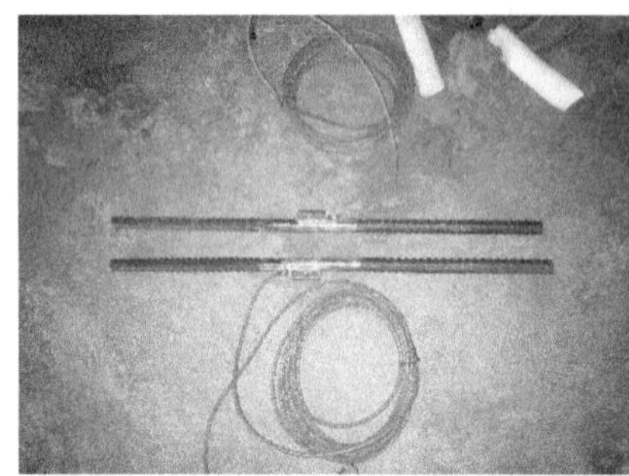

g)钢筋计

h)钢筋计布设

图3-13 量测仪器、传感器埋设

a)围岩收敛变形量测

b)格栅钢架应力及围岩压力量测

图3-14 现场数据采集

围岩收敛变形、格栅钢架内力、围岩-初期支护接触压力量测频率见表3-14。

各项目监控量测频率　　表3-14

测量项目	测量精度	测量间隔时间	
		1~15天	16天~1个月
拱顶沉降	0.1mm	1~2次/天	1次/2天
测线SL01收敛	0.1mm	1~2次/天	1次/2天
测线SL02收敛	0.1mm	1~2次/天	1次/2天
钢筋计	0.1kN	1~2次/天	1次/2天
压力盒	0.001MPa	1~2次/天	1次/2天

3.4.3　试验结果

为方便数据读取及图形绘制，现将围岩量测各点及各传感器位置进行编号，拱顶沉降量测点编号GD01，拱部第一条测线SL01，边墙处测线SL02；传感器位置从拱顶至仰拱，从左至右编号分别为1~8，如图3-15所示。标准工况标号“B”，腹筋优化工况编号“F”，综合优化工况编号“Z”，外侧钢筋编号“GW”，内侧钢筋编号“GN”，围岩压力编号“Y”。例如，“FGW3”表示腹筋优化工况3号位置处外侧钢筋，“ZY6”表示综合优化工况6号位置处围岩压力。

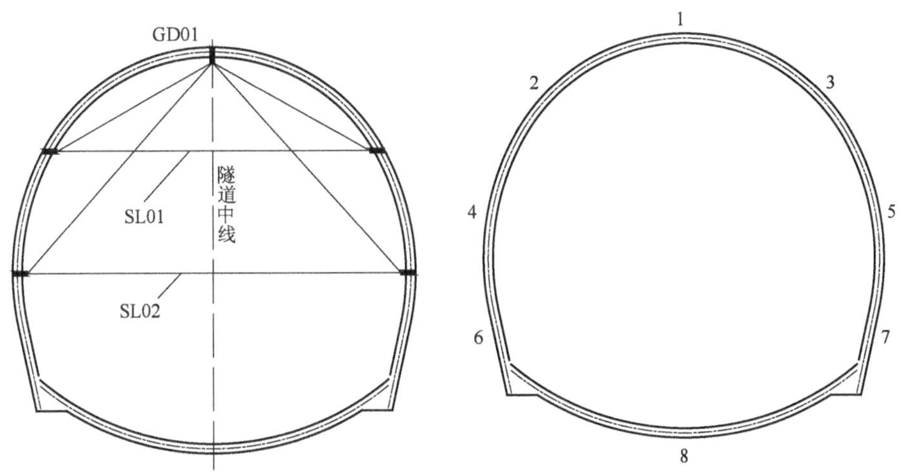

图3-15　围岩量测及传感器布设位置编号

1)围岩变形及收敛量测

围岩变形及收敛监测选取各三个试验段中两个监控量测断面,其中,标准试验段选取断面 DK560 + 260、DK560 + 265,腹筋优化段选取断面 DK560 + 175、DK560 + 180,综合优化试验段选取断面 DK560 + 140、DK560 + 150。各个试验段拱顶沉降及边墙收敛时程曲线如图 3-16 ~ 图 3-18 所示。

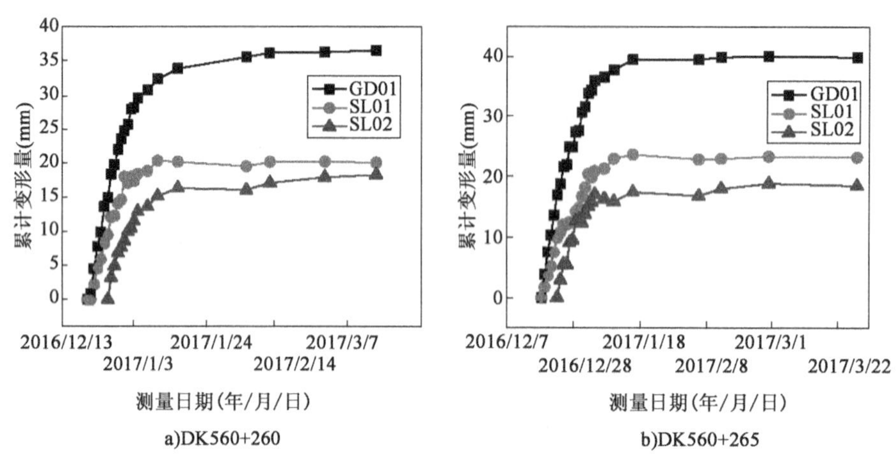

图 3-16　标准试验段沉降收敛时程曲线

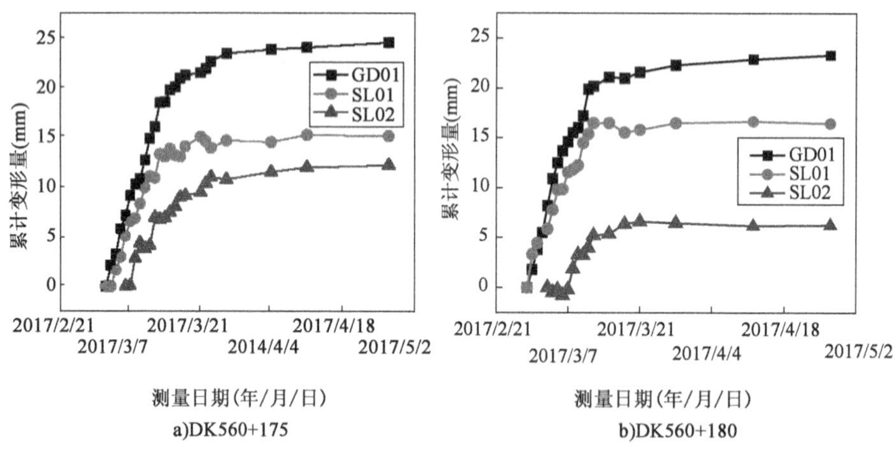

图 3-17　腹筋优化试验段沉降收敛时程曲线

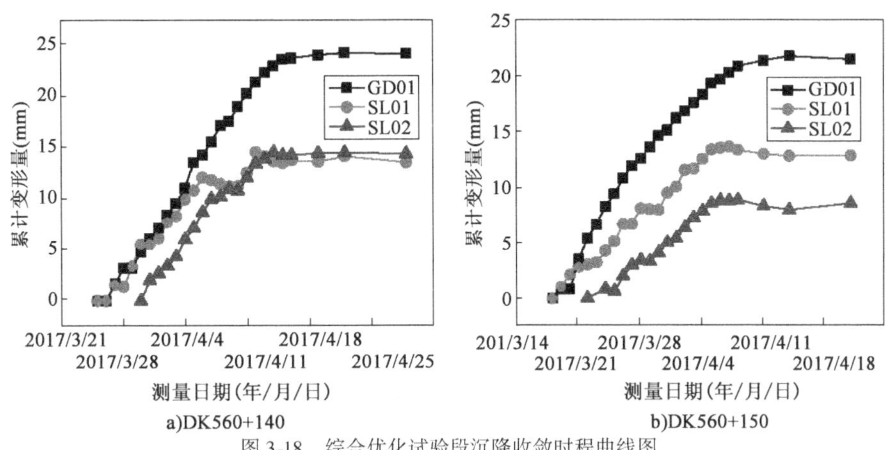

图3-18 综合优化试验段沉降收敛时程曲线图

由以上围岩变形收敛监测图可知,其中标准设计试验段量测最大拱顶沉降为31.7~40mm,SL01最大收敛值为15.59~23.39mm,SL02最大收敛值为12.46~18.62mm;腹筋优化试验段量测最大拱顶沉降为23.3~25.2mm,SL01最大收敛值为15.1~22.37mm,SL02最大收敛值为6.28~12.18mm;综合优化试验段量测最大拱顶沉降为19~24.1mm,SL01最大收敛值为7.56~13.48mm,SL02最大收敛值为8.55~14.34mm。

各个试验段拱顶沉降及边墙收敛均在初期支护封闭之后逐渐收敛并趋于稳定,且腹筋优化试验段及综合优化试验段的拱顶沉降均小于标准试验段,边墙收测线收敛变形值相近。

2)格栅钢架应力量测

格栅钢架应力量测选取分别选取试验段三个测试断面,其中,标准试验段选取断面DK560+260.7,腹筋优化试验段选取断面DK560+175.4,综合优化试验段选取断面DK560+140.8。格栅钢架内外侧应力量测时程曲线分别如图3-19~图3-24所示。

由各格栅钢架应力时程曲线图可知:

(1)各工况试验段钢筋内外侧应力均趋于收敛,表明各试验段格栅钢架均能承受所处围岩压力,保证围岩与洞室的稳定性。

(2)各工况的格栅钢架外侧钢筋应力均为负值,内侧钢筋只有极少为正值,且数值很小,即表明各设计工况试验测试段初期支护所受轴力大多为负值,即呈受压状态,少数情况下为弯拉受荷,且受拉侧为临空一侧。

(3)各设计工况试验段内外侧钢筋应力均相差不大,即表明试验段初期支护各测位处的弯矩值较小。

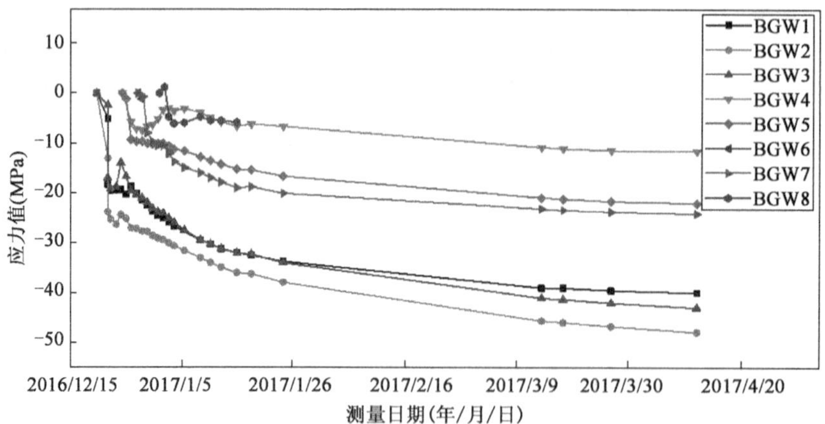

图 3-19　标准试验段 DK560 + 260.7 钢架外侧钢筋应力时程曲线

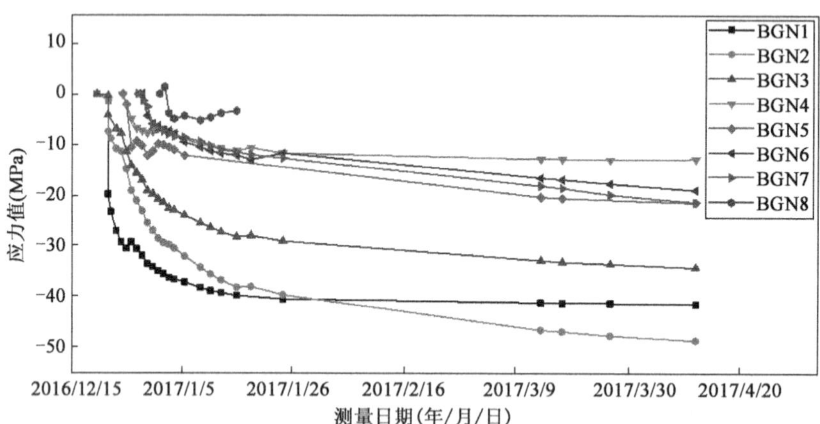

图 3-20　标准试验段 DK560 + 260.7 钢架内侧钢筋应力时程曲线

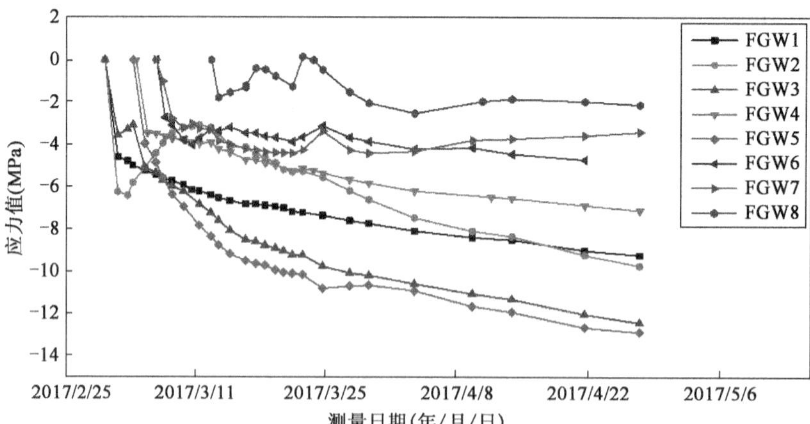

图 3-21　腹筋优化试验段 DK560 + 175.9 钢筋外侧应力时程曲线

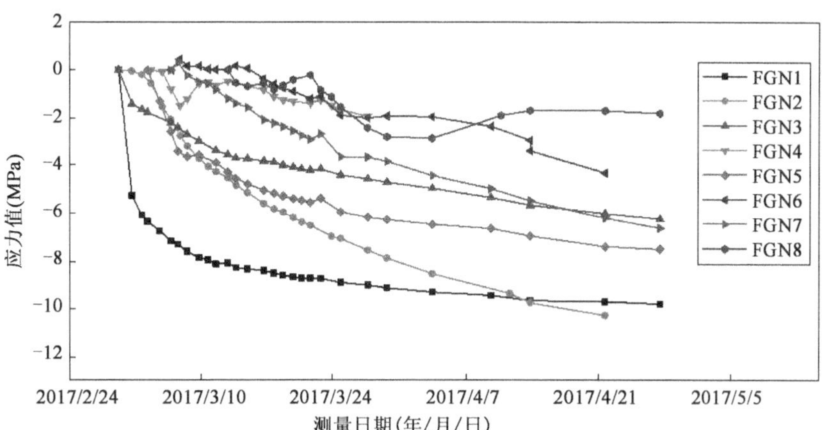

图 3-22　腹筋优化试验段 DK560 + 175.9 钢筋内侧应力时程曲线

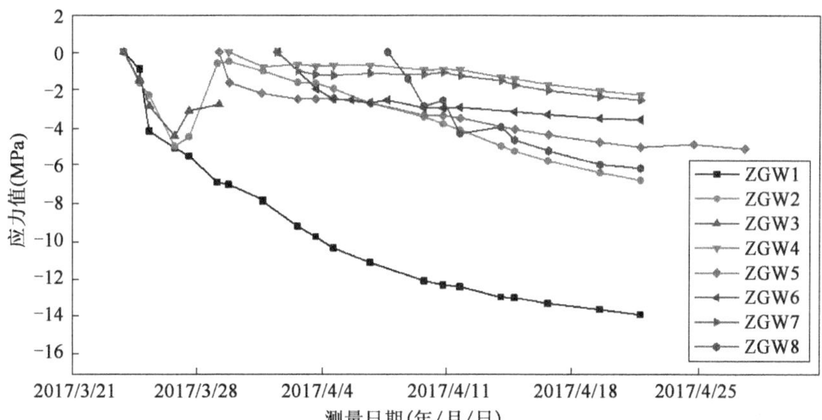

图 3-23　综合优化试验段 DK560 + 140.8 钢筋外侧应力时程曲线

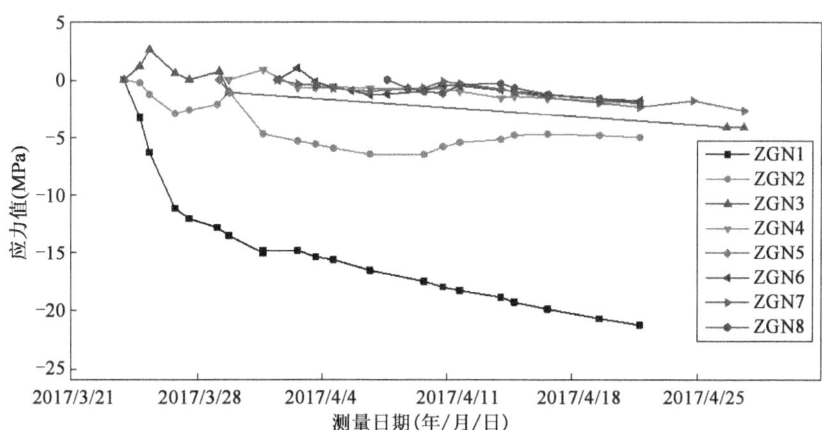

图 3-24　综合优化试验段 DK560 + 140.8 钢筋内侧应力时程曲线

(4)标准设计工况试验段所测得内外侧钢筋应力均较腹筋优化和综合优化试验段测得值大。

3)围岩-初期支护接触压力分布

围岩-初期支护接触压力量测与格栅钢架应力量测同时进行,标准试验段选取断面 DK560 +260.7,腹筋优化试验段选取断面 DK560 +175.4,综合优化试验段选取断面 DK560 +140.8。各试验段围岩-初期支护接触压力时程曲线图如图 3-25 ~ 图 3-27 所示。

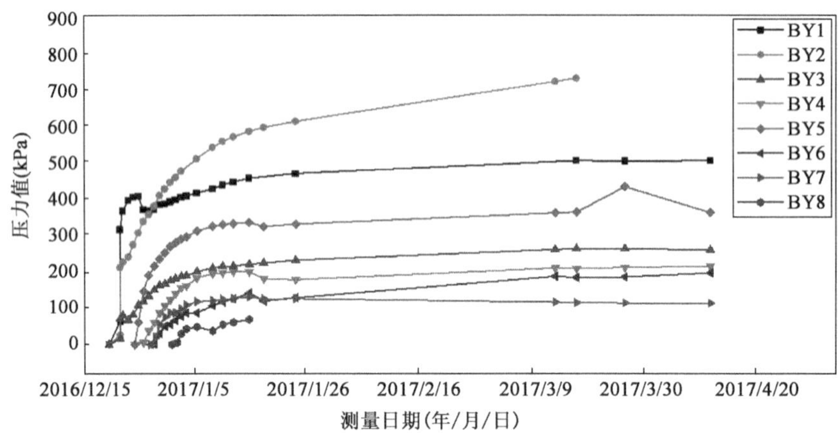

图 3-25　标准试验段 DK560 +260.7 围岩压力时程曲线

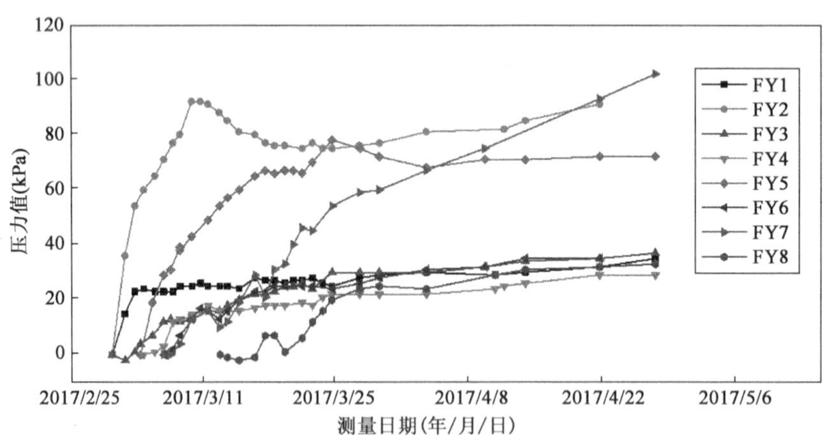

图 3-26　腹筋优化试验段 DK560 +175.9 围岩压力时程曲线

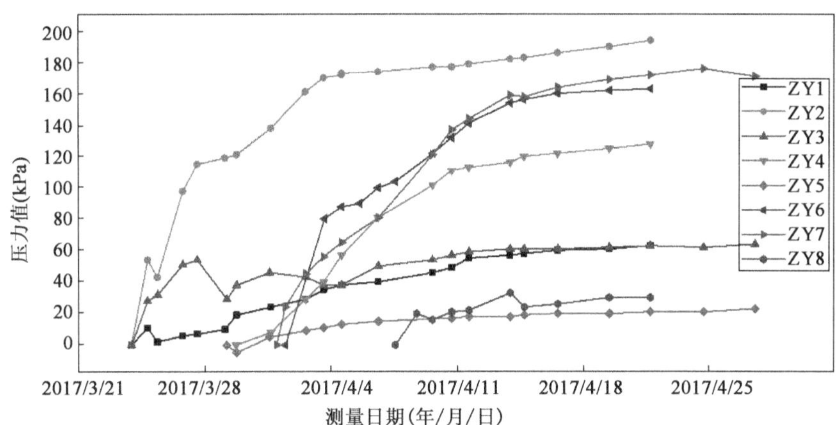

图 3-27　综合优化试验段 DK560 + 140.8 围岩压力时程曲线

围岩-初期支护接触压力个试验段面包络图如图 3-28 ~ 图 3-30 所示。

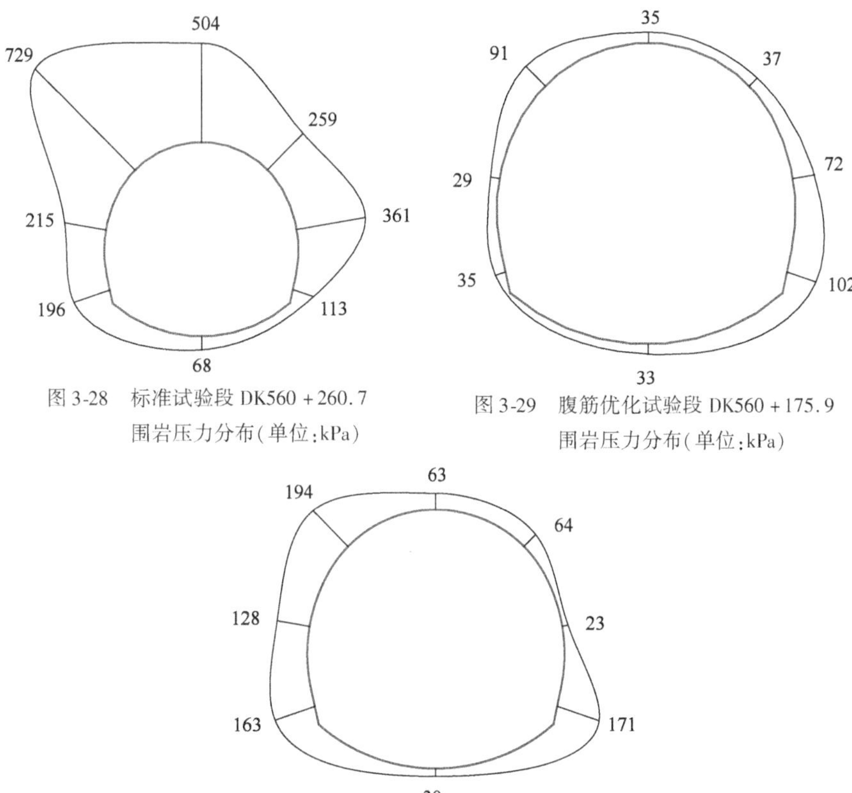

图 3-28　标准试验段 DK560 + 260.7 围岩压力分布(单位:kPa)

图 3-29　腹筋优化试验段 DK560 + 175.9 围岩压力分布(单位:kPa)

图 3-30　综合优化试验段 DK560 + 140.8 围岩压力分布(单位:kPa)

由以上各工况围岩压力时程曲线及围岩压力分布图可知：

(1)各工况试验段围岩压力随着初期支护封闭成环，趋于收敛，表明各试验段格栅钢架均能在所处围岩环境下，与围岩形成良好的共同受力体，保证围岩与洞室的稳定性。

(2)标准设计试验段围岩压力大于腹筋优化试验段及综合优化试验段，腹筋优化试验段与综合优化试验段围岩压力值相近。

4)数据统计及结果分析

(1)围岩变形收敛

各试验段拱顶沉降及边墙收敛值总结见表3-15。

各试验段拱顶沉降及边墙收敛值 表3-15

试验工况		拱顶沉降 GD01 (mm)	拱腰收敛 SL01 (mm)	边墙收敛 SL02 (mm)
标准设计	DK560 + 264.7	40	23.39	18.62
	DK560 + 260.7	36.5	20.07	18.28
	DK560 + 255.4	31.7	15.99	12.46
	均值	36.07	19.82	16.45
腹筋优化	DK560 + 181	23.3	16.43	6.28
	DK560 + 175.9	24.5	15.1	12.18
	DK560 + 171	25.2	22.37	10.92
	均值	24.33	17.97	9.79
综合优化	DK560 + 151.6	21.5	12.85	8.55
	DK560 + 145.8	19	7.56	12.83
	DK560 + 140.8	24.1	13.48	14.34
	均值	21.53	11.30	11.91

(2)格栅钢架钢筋应力及围岩-初期支护接触压力

各试验段围岩-初期支护最大接触压力总结见表3-16。

各试验段围岩-初期支护最大接触压力值 表3-16

试验工况		钢架应力(MPa)				围岩-初期支护接触压力(kPa)	
		外侧 Max	外侧 Min	内侧 Max	内侧 Min	Max	Min
标准设计	DK560 + 264.7	-24.4	-11.2	-50.2	-5.6	908	20
	DK560 + 260.7	-47.8	-5.8	-48.7	-3.3	729	68
	DK560 + 255.4	-48	-10.3	-36.6	-4.4	546	7

续上表

试验工况		钢架应力(MPa)				围岩-初期支护接触压力(kPa)	
		外侧 Max	外侧 Min	内侧 Max	内侧 Min	Max	Min
腹筋优化	DK560+181	-13.614	-3.846	-16.194	-2.193	267	30
	DK560+175.9	-12.909	-2.106	-10.263	-1.818	102	29
	DK560+171	-15.036	-3.144	-14.736	-0.222	120	37
综合优化	DK560+151.6	-9.753	-4.707	-10.836	1.791	125	7
	DK560+145.8	-12.699	-0.414	-10.134	-2.052	178	17
	DK560+140.8	-13.911	-2.262	-21.192	-1.785	194	23

综合对比分析以上各量测时程曲线图与各表数据,可以得出以下结论:

(1)从围岩收敛变形、格栅钢架钢筋应力和围岩-初期支护接触压力三个方面的时程曲线分析,可认为标准设计工况、腹筋优化设计工况和综合优化设计工况格栅钢架均能有效与喷射混凝土组成隧道初期支护,并在V级围岩保证围岩及洞室的稳定性。

(2)各个工况试验段各测位钢筋内外侧应力多为负值,且钢筋内外侧应力相差不大,即表明格栅钢架的实际受力状态多为小偏心受压,非大偏心受压;少数内侧钢筋受荷为正值且很小,表明钢架受正弯矩,临空一侧受拉;内外侧钢筋应力都远小于钢筋极限应力,且应变远小于混凝土极限应变,因此,可认为各工况初期支护均处于弹性状态。

(3)腹筋优化工况与综合优化工况在围岩收敛变形、钢筋应力及围岩-初期支护接触压力三方面均相差不多,表明二者与喷射混凝土形成初期支护之后受力特性差异不大。

(4)腹筋优化工况与综合优化工况在围岩收敛变形、钢筋应力和围岩-初期支护接触压力三方面均小于标准设计工况。由于优化工况围岩较标准工况刚度大,初期支护特性曲线不变,因此优化工况的围岩压力 $P_2 < P_1$(图3-31),而初期支护尚处在弹性状态[见结论(2)],外力越小,变形越小,内力越小,因此,腹筋优化工况与综合优化工况较标准设计工况受力更为有利。

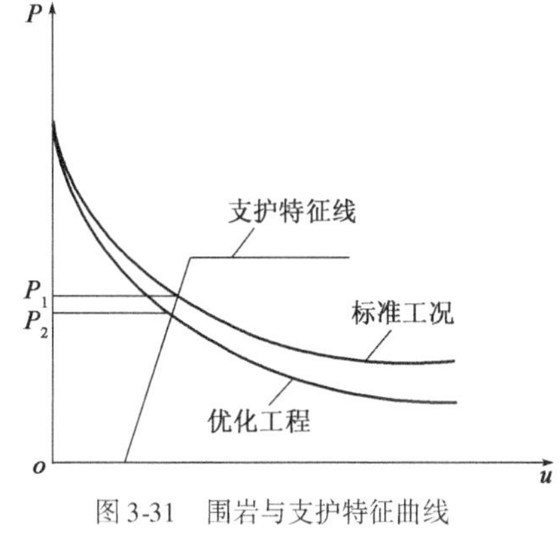

图3-31 围岩与支护特征曲线

(5)从各工况格栅钢架钢筋受力来看,初期支护受力状态为小偏心受压,破坏类型为混凝土的斜截面压剪破坏,主要由混凝土控制,且在钢筋与混凝土共同变形时,主筋受力远小于混凝土受力,可认为:格栅钢架破坏荷载由混凝土极限强度控制,钢筋只在峰后混凝土退出工作时提供残余承载力,保证结构的延性和完整性。故格栅钢架受力主筋可考虑进一步优化。

(6)从经济成本角度出发,腹筋优化设计工况节省近1/2质量的腹筋,即每延米质量为标准设计工况的1/6,综合优化工况节省近1/2质量的腹筋和近1/4质量的主筋,即每延米质量为标准设计的1/3,从其现场受力情况出发,三者均能与喷射混凝土形成初期支护,与围岩形成良好的共同受力体系。因此,采用优化设计的格栅钢架可以大量节省材料成本,同时,优化设计的格栅钢架单根质量更轻,施工更便利快捷,可以节省人力和时间成本,而优化设计中综合优化质量最轻,为最优。

3.5 本章小结

本章基于格栅钢架的力学性能研究,提出隧道格栅支撑优化指数对格栅钢架进行了性能对比与优化研究,并将研究结论归纳如下。

1)格栅钢架设计参数优化

(1)由试验及数值计算结果可得,在考虑围岩抗力作用下,靠围岩侧主筋配筋量的减小,对构件极限承载力影响不大,即综合考虑结构承载能力及经济效益下,适当地减小靠围岩侧主筋配筋量是可行且必要的。通过设置的对照组可知,靠围岩侧主筋可由目前的双肢22mm优化为双肢16mm。

(2)由优化腹筋的结果可得,在不设置腹筋的极端情况下,构件承载能力与标准构件相比几乎相等,说明腹筋对结构极限承载能力的提高没有贡献;由空钢架试验可知,8mm腹筋形式格栅钢架承载能力较低、易变形,综合考虑10mm腹筋形式格栅钢架既能满足格栅钢架在加工、运输以及安装过程中的刚度需求,又能提供足够的承载能力,且具有较好的经济价值,故建议可将格栅钢架的腹筋直径由14mm减小为10mm。

(3)由优化焊缝的结果可知,主腹筋搭接焊缝长度的缩短对于结构极限承载能力没有明显影响,设计的3cm焊缝工况在试验中未出现破坏,因此该长度焊缝即能够满足要求。

(4)箍筋的有无在偏压受荷条件下对承载力提升并不显著,可根据现场实际情况合理选用。

2)格栅钢架设计形式优化

(1)在结构构造参数优化试验基础上,可进一步优化靠围岩侧主筋,提出如前所述的三肢三角撑新格栅构造形式,试验及数值计算证明该种形式的格栅钢架相较于四肢8字结格栅承载能力有一定下降,但结合自身用钢量因素对比分析后发现其优化性能最高,可作为一种轻型格栅钢架在工程实践中加以应用。综合考虑受力性能及加工运输要求,三肢三角撑新型格栅钢架建议参数如下:靠净空侧主筋直径优化为18mm,靠围岩侧主筋直径优化为14mm,腹筋直径优化为12mm,焊缝长度优化为3cm。

(2)现有8字结的加工工序繁琐,且8字筋的存在易使得喷射混凝土不密实,介于减少加工工序,提高生产效率,改善结构受力性能的考虑,提出了一种新型的变腹(辅)筋构造形式的四肢V字结格栅钢架,并且通过试验验证了该种格栅钢架具有较高的承载能力,可作为一种新型格栅钢架在工程实践中加以应用。综合考虑受力性能及加工运输要求,三肢三角撑新型格栅钢架建议参数如下:靠净空侧主筋直径优化为18mm,靠围岩侧主筋直径优化为14mm,腹筋直径(V字筋)优化为10mm,"X"形连接筋直径为12mm,焊缝长度优化为3cm。

3)格栅钢架结构优化应用(现场试验)

(1)腹筋优化工况和综合优化工况能在Ⅴ级黄土围岩中与喷射混凝土形成有效初期支护,保证围岩及隧道洞室的稳定。

(2)从围岩变形收敛、围岩压力及钢架受力出发,腹筋优化设计工况和综合优化设计工况较标准工况材料、人工及时间成本低廉,受力更优,综合优化工况最优。

(3)三种设计工况钢架均为小偏心受压,破坏类型为混凝土斜截面压剪破坏,由混凝土极限强度控制,且优化工况混凝土和钢筋内力均较小,初期支护结构强度尚有大量富余,可尝试在综合优化设计上进一步优化设计。

第4章 基于初期支护受力模式的格栅钢架深入优化

4.1 基于现场实测的初期支护受力模式研究

4.1.1 工程概况

初期支护受力模式研究的现场试验仍以浩吉铁路为依托工程，并选取九岭山隧道Ⅳ级、Ⅴ级围岩段，郑庄隧道Ⅳ级围岩段以及姚店隧道Ⅴ级围岩段作为试验段。

九岭山隧道位于江西省境内，单洞双线隧道，进口里程 DK1680 +696，出口里程 DK1696 +086，全长 15390m，最大埋深约为 862m。地层岩性主要为黄岗岩和黄岗闪长岩。郑庄隧道、姚店隧道位于陕西省延安市境内，单洞双线隧道。郑庄隧道进口里程 DK371 +811.58，出口里程 DK376 +147.47，全长 4335.89m，最大埋深 195.9m，姚店隧道进口里程 DK353 +842，出口里程 DK357 +564.91，全长 3722.91m，最大埋深约为 171.73m，地层主要为砂纸新黄土、黏质新黄土、黏质老黄土。

所选取各隧道试验段开挖工法及支护措施见表 4-1。

试验段开挖工法及支护措施　表 4-1

隧道名称	九岭山		郑庄	姚店
围岩分级	Ⅳ	Ⅴ	Ⅳ	Ⅴ
开挖方式	台阶法	三台阶法	台阶法	三台阶法
支护类型	系统锚杆：3m	系统锚杆：3.5m	系统锚杆：3m	系统锚杆：3.5m
	间距：1.2m×1.0m	间距：1.0m×0.8m	间距：1.2m×1.0m	间距：1.0m×0.8m
	C25 喷射混凝土	C25 喷射混凝土	C25 喷射混凝土	C25 喷射混凝土
	H160 格栅钢架	H220 格栅钢架	H160 格栅钢架	H180 格栅钢架
	纵向间距：1m	纵向间距：0.5m	纵向间距：1m	纵向间距：0.5m
	钢筋网直径：8mm	钢筋网直径：8mm	钢筋网直径：8mm	钢筋网直径：8mm
	间距：25cm×25cm	间距：20cm×20cm	间距：25cm×25cm	间距：20cm×20cm

4.1.2　现场试验方案

1)试验段布置

每个试验段长度30m,中部设置3个试验断面,4个试验段共计12个试验断面。其中,九岭山试验段里程DK1695+825~DK1695+855、DK1695+605~DK1695+635、郑庄隧道试验段里程DK372+525~DK372+555,姚店隧道试验段里程DK357+230~DK357+260。试验段布置情况如表4-2所示。现场测试内容包括:拱顶沉降、水平收敛、锚杆轴力、格栅钢架应变、喷射混凝土应变。

试验段布置情况表　　表4-2

<table>
<tr><th>试验隧道</th><th>围岩岩性</th><th>围岩级别</th><th>断面里程</th><th>埋深(m)</th></tr>
<tr><td rowspan="6">九岭山隧道</td><td rowspan="6">花岗岩</td><td rowspan="3">Ⅳ</td><td>DK1695+843</td><td>57</td></tr>
<tr><td>DK1695+841</td><td>57</td></tr>
<tr><td>DK1695+839</td><td>56</td></tr>
<tr><td rowspan="3">Ⅴ</td><td>DK1695+617</td><td>45</td></tr>
<tr><td>DK1695+615</td><td>45</td></tr>
<tr><td>DK1695+602</td><td>52</td></tr>
<tr><td rowspan="3">郑庄隧道</td><td rowspan="6">黄土</td><td rowspan="3">Ⅳ</td><td>DK372+535</td><td>55.6</td></tr>
<tr><td>DK372+540</td><td>57.8</td></tr>
<tr><td>DK372+545</td><td>60.8</td></tr>
<tr><td rowspan="3">姚店隧道</td><td rowspan="3">Ⅴ</td><td>DK357+240</td><td>92</td></tr>
<tr><td>DK357+245</td><td>91</td></tr>
<tr><td>DK357+250</td><td>91</td></tr>
</table>

2)监测断面测点布置

(1)拱顶沉降、水平收敛测点布置

监测点布置如图4-1所示,图中GD01为拱顶沉降监测点,SL01、SL02、SL03、SL04为水平收敛监测点。

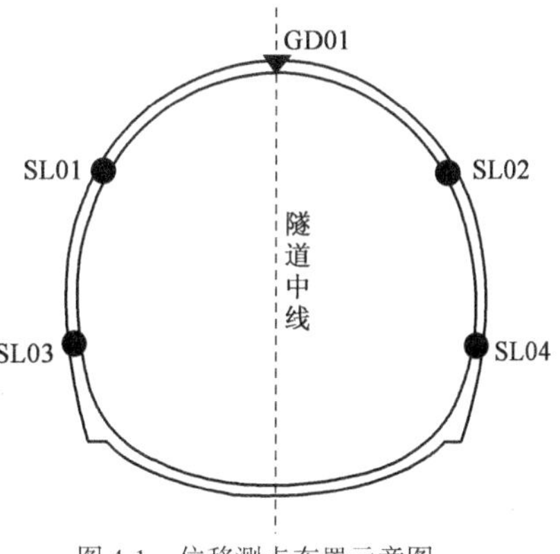

图4-1　位移测点布置示意图

(2)喷射混凝土应变、钢架应变测点布置

喷射混凝土、钢架测点布置如图4-2所示,每个断面布置10个侧位,每个侧位分内外2个测点,内侧测点编号为NT01~

NT10,外侧测点编号为 WT01 ~ WT10。钢架应变测点每个断面布置 10 侧位,Ⅳ级围岩因仰拱无钢架,只有 7 个侧位,每个侧位分内外 2 个测点,内侧测点编号为 NG01 ~ NG10,外侧测点编号为 WG01 ~ WG10。

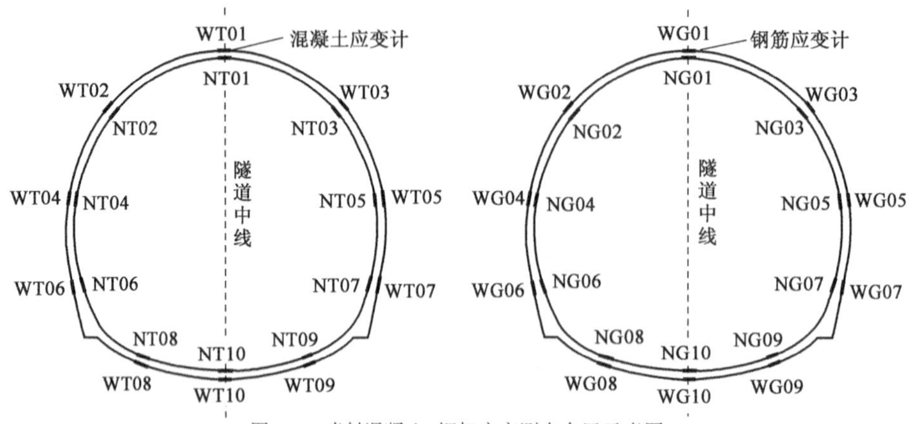

图 4-2 喷射混凝土、钢架应变测点布置示意图

4.1.3 试验结果及分析

选取九岭山隧道试验断面 DK1695 + 840(Ⅳ级)、DK1695 + 620(Ⅴ级)郑庄隧道试验断面 DK372 + 540(Ⅳ级)、姚店隧道试验断面 DK357 + 245(Ⅴ级)作为典型断面进行分析。

1)拱顶下沉与水平收敛

各试验断面拱顶沉降和水平收敛量测结果见表 4-3,试验断面洞周变形如图 4-3 所示。

拱顶沉降与水平收敛量测结果 表 4-3

试验断面	围岩岩性	监测点	累计收敛值(mm)
DK1695 + 840 (Ⅳ)	花岗岩	GD1	6.00
		SL1	5.33
		SL2	1.38
DK1695 + 620 (Ⅴ)	花岗岩	GD1	10.90
		SL1	9.19
		SL2	3.37
DK372 + 540 (Ⅳ)	黏质老黄土	GD1	12.10
		SL1	17.52
		SL2	12.98

续上表

试验断面	围岩岩性	监测点	累计收敛值(mm)
DK357 +245 (Ⅴ)	黏质新黄土	GD1	11.10
		SL1	14.76
		SL2	13.59

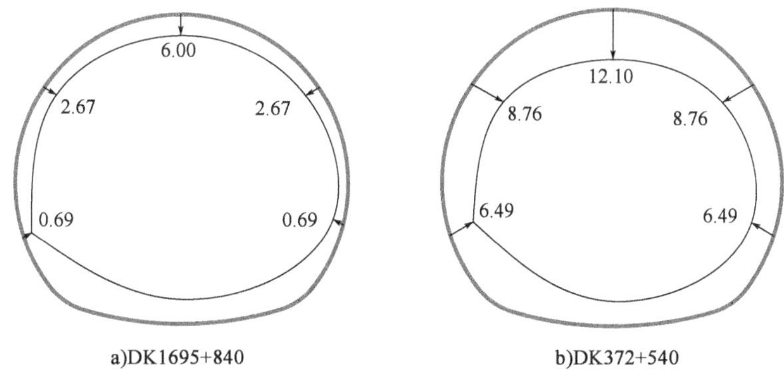

图4-3　试验断面洞周变形(单位:mm)

量测数据表明各断面的拱顶沉降和水平收敛值均为正值,即隧道整体向净空侧变形。

2)格栅钢架内力

各试验断面格栅钢架应力分布如图4-4、图4-5所示。计算得到轴力、弯矩值,见表4-4。

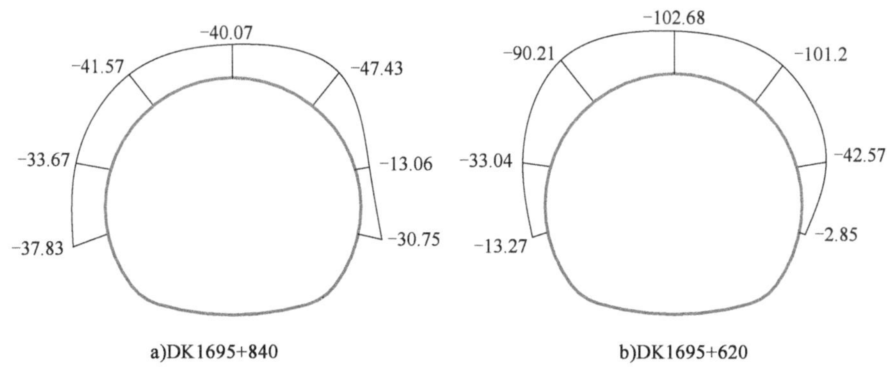

图　4-4

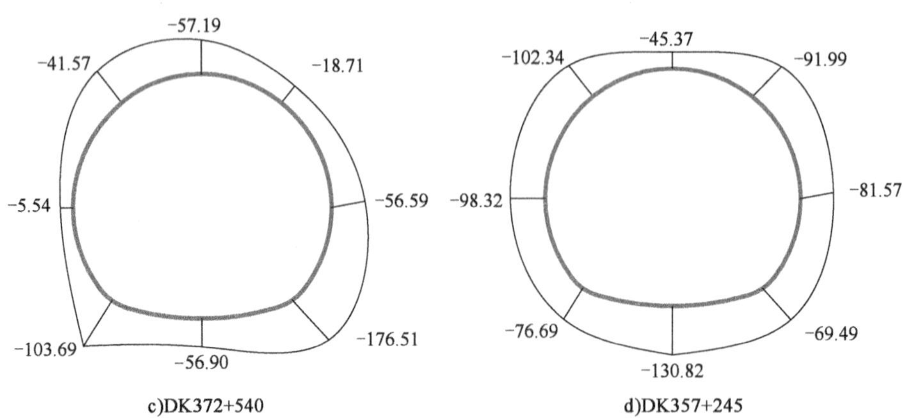

图 4-4　格栅钢架内测应力分布(单位:MPa)

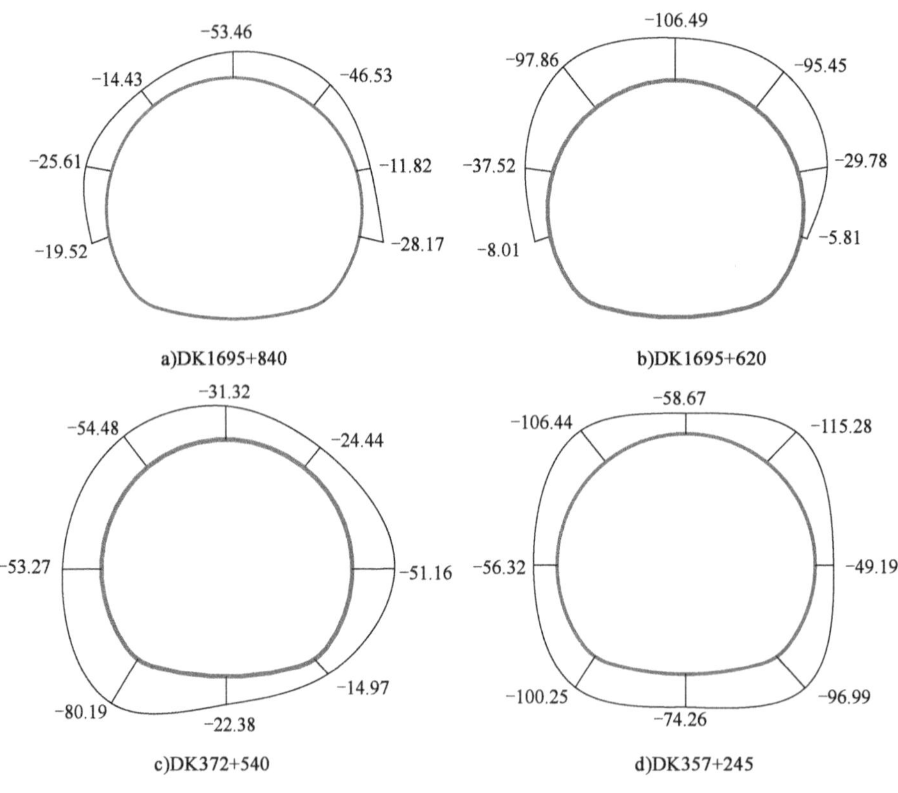

图 4-5　格栅钢架外测应力分布(单位:MPa)

格栅钢架轴力、弯矩汇总表　　表4-4

试验断面	DK1695 +840		DK1695 +620		DK372 +540		DK357 +245	
内力	轴力（kN）	弯矩（kN/m）	轴力（kN）	弯矩（kN/m）	轴力（kN）	弯矩（kN/m）	轴力（kN）	弯矩（kN/m）
拱顶	-313.22	2.62	-298.48	-0.75	-67.25	1.48	-79.04	1.02
左拱腰	-128.72	-4.66	-146.74	-5.98	-82.79	0.77	-65.95	-7.43
右拱腰	-284.70	-0.07	-168.31	-7.14	-32.78	-0.33	-155.69	1.98
左拱脚	-199.85	-1.66	-115.53	-11.31	-44.69	1.56	-120.17	1.09
右拱脚	-21.09	-0.38	-168.21	-11.63	-86.13	-1.27	-98.28	-2.55
左边墙	-174.32	-2.09	26.30	-0.66	-279.45	2.69	-210.71	9.52
右边墙	-315.39	-1.72	2.17	-0.01	-145.50	9.26	-115.55	1.94

注:"+"表示受拉,"-"表示受压。

量测数据表明,格栅钢架内外侧均承受压应力,弯矩值较小。

3)喷射混凝土内力

各试验断面喷射混凝土应力分布如图4-6、图4-7所示。计算得到轴力、弯矩值,见表4-5。

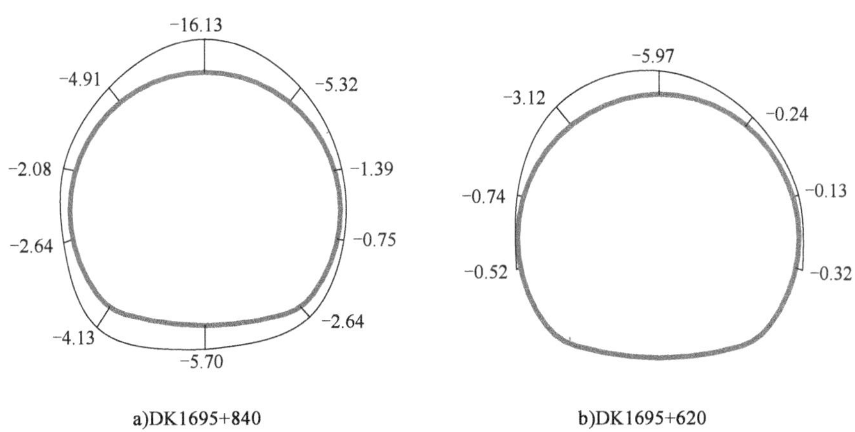

图　4-6

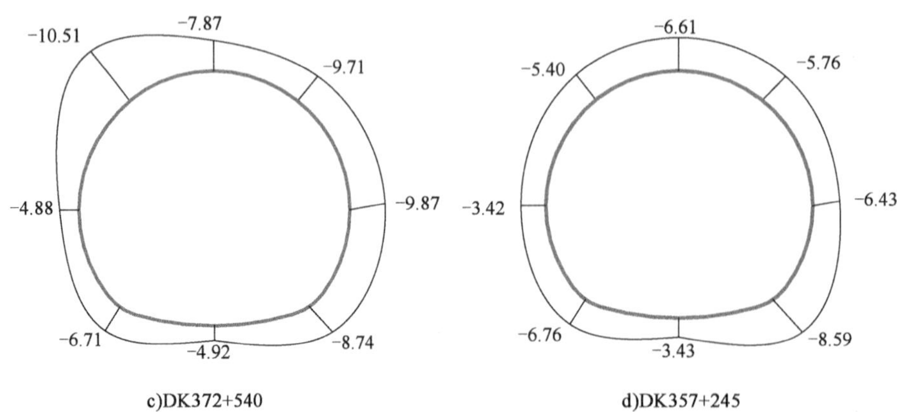

c)DK372+540　　d)DK357+245

图 4-6　喷射混凝土内测应力分布(单位:MPa)

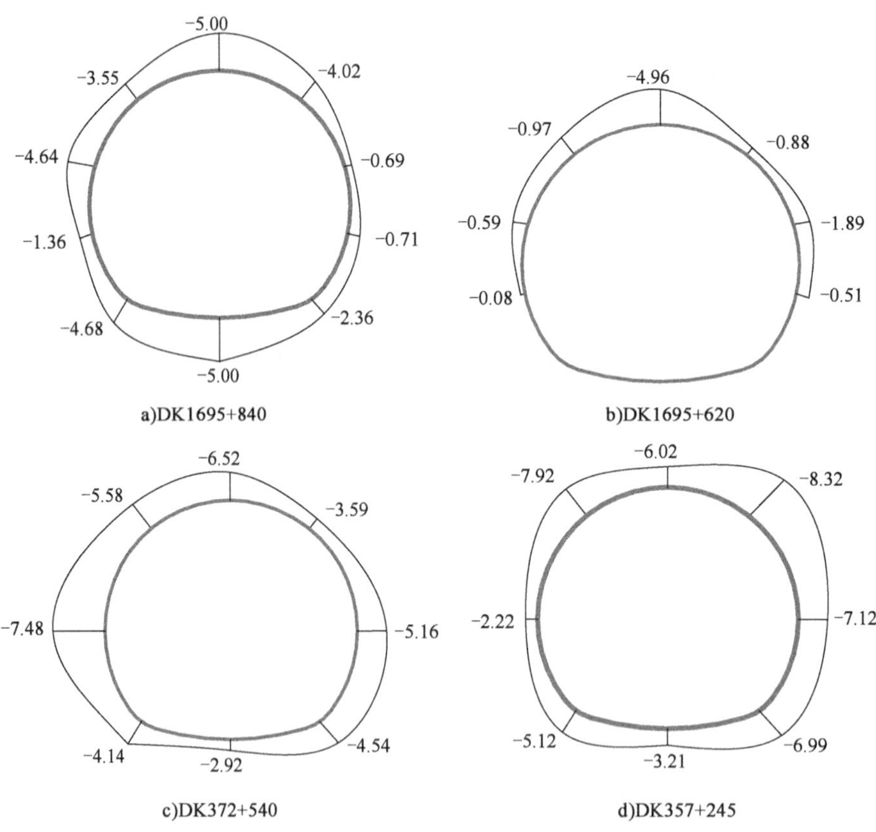

a)DK1695+840　　b)DK1695+620

c)DK372+540　　d)DK357+245

图 4-7　喷射混凝土外测应力分布(单位:MPa)

喷射混凝土轴力、弯矩汇总表 表4-5

位置	DK1695+840		DK1695+620		DK372+540		DK357+245	
	轴力(kN)	弯矩(kN/m)	轴力(kN)	弯矩(kN/m)	轴力(kN)	弯矩(kN/m)	轴力(kN)	弯矩(kN/m)
拱顶	-2708.26	-48.79	-793.45	-1.58	-1847.45	-2.93	-1662.39	7.96
左拱腰	-1347	-29.39	-285.44	-13.78	-1631.34	27.23	-4180.79	-10.1
右拱腰	-1758.72	-37.46	-668.76	4.51	-1115.38	12.35	-3410.37	-39.74
左拱脚	-1217.4	-25.6	-10.49	-2.07	-1813.78	-44.13	-1770.55	-55.29
右拱脚	-871.9	-9.95	30.2	-11.95	-1742.96	10.84	-2714.79	-6.52
左边墙	-465.09	8.48	-1.9	-3.51	-1573.91	14.48	-1967.3	8.97
右边墙	-354.63	6.53	-5.3	-4.75	-1449.1	11.25	-2263.54	-4.62

注:“+”表示受拉,“-”表示受压。

量测数据表明,喷射混凝土内外侧均承受压应力,弯矩值较小。

4)综合内力分析

通过对格栅钢架、喷射混凝土内力进行综合计算,得到试验断面内力分布(图4-8)、综合内力汇总(表4-6),并计算得到偏心距汇总(表4-7)。

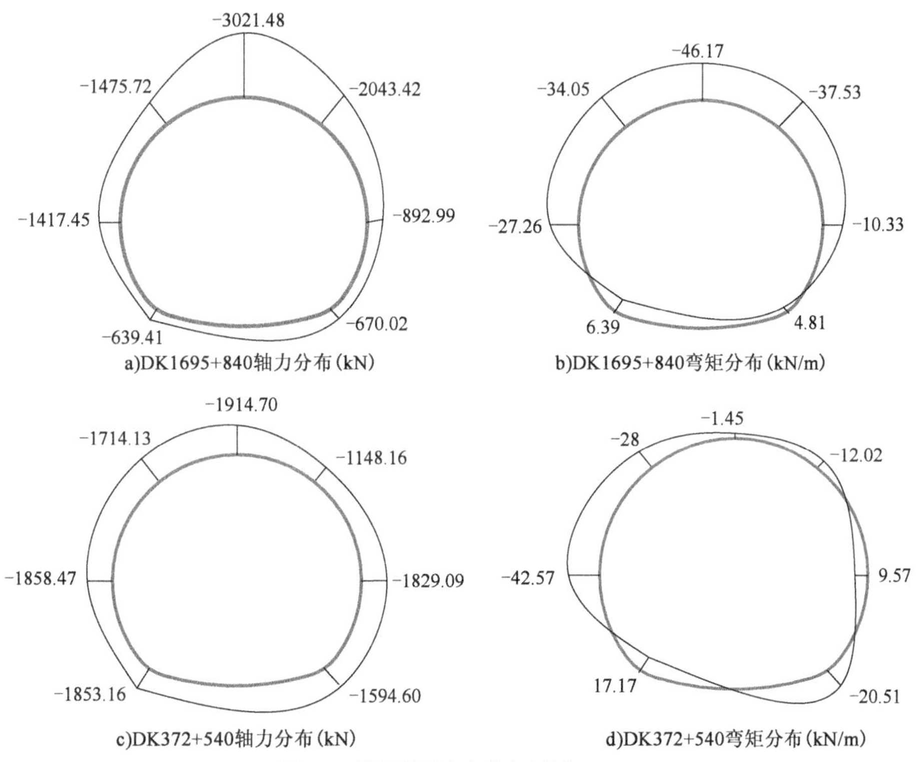

图4-8 试验断面内力分布(单位:MPa)

综合内力轴力、弯矩汇总表　　表4-6

位置	DK1695 +840		DK1695 +620		DK372 +540		DK357 +245	
	轴力（kN）	弯矩（kN/m）	轴力（kN）	弯矩（kN/m）	轴力（kN）	弯矩（kN/m）	轴力（kN）	弯矩（kN/m）
拱顶	-3021.48	-46.17	-1091.93	-2.33	-1914.7	-1.45	-1741.43	8.98
左拱腰	-1475.72	-34.05	-432.18	-19.76	-1714.13	-28	-4246.74	-17.53
右拱腰	-2043.42	-37.53	-837.07	-2.63	-1148.16	-12.02	-3566.06	-37.76
左拱脚	-1417.25	-27.26	-426.02	-13.38	-1858.47	-42.57	-1890.72	-54.2
右拱脚	-892.99	-10.33	-638.01	-23.58	-1829.09	9.57	-2813.07	-9.07
左边墙	-639.41	6.39	-542.61	-4.17	-1853.36	17.17	-2178.01	18.49
右边墙	-670.02	4.81	-463.13	-4.76	-1594.6	-20.51	-2379.09	-2.68

各断面偏心距汇总表　　表4-7

位置	DK1695 +840		DK1695 +620		DK372 +540		DK357 +245	
	偏心距	受力状态	偏心距	受力状态	偏心距	受力状态	偏心距	受力状态
拱顶	15	抗压控制	2	抗压控制	1	抗压控制	5	抗压控制
左拱腰	23	抗压控制	46	抗压控制	16	抗压控制	4	抗压控制
右拱腰	18	抗压控制	3	抗压控制	10	抗压控制	11	抗压控制
左拱脚	19	抗压控制	106	抗压控制	23	抗压控制	29	抗压控制
右拱脚	12	抗压控制	37	抗压控制	5	抗压控制	3	抗压控制
左边墙	10	抗压控制	8	抗压控制	9	抗压控制	8	抗压控制
右边墙	7	抗压控制	10	抗压控制	13	抗压控制	1	抗压控制

通过对断面综合内力进行分析，各量测断面初期支护均处于受压状态，弯矩普遍较小，结构为小偏心受压构件，此时结构受力状态为抗压控制，而非大偏心受压状态下的抗拉控制。

4.2　基于初期支护受力模式的格栅钢架深入优化

综合分析量测数据可知，初期支护普遍受压，结构处于小偏心受压状态。同时隧道洞周位移收敛值均为正值，说明隧道整体想净空侧变形，也符合量测初期支护的受力状态。这与依照坍落拱理论得到初期支护受力状态不符。初期支护所受到的围岩压力主要来自围岩的形变压力。在此种受力状态下结构破坏模式由压-剪控制，为斜截面的剪切破坏，而非由弯-拉控制的正截面拉伸破坏。浩吉铁路阳山隧道出口 DK390 + 786 ~ DK390 + 520 段发生的初期支护两侧拱腰开裂、格栅钢架变形破坏,如图 4-9 所示。分析发现,喷射混凝土发生局部斜截面剪切破坏,同时导致格栅钢架发生局部压屈错台破坏。而发生局部破裂后变形不再发展,趋于稳定,表现为形变压力的特征。

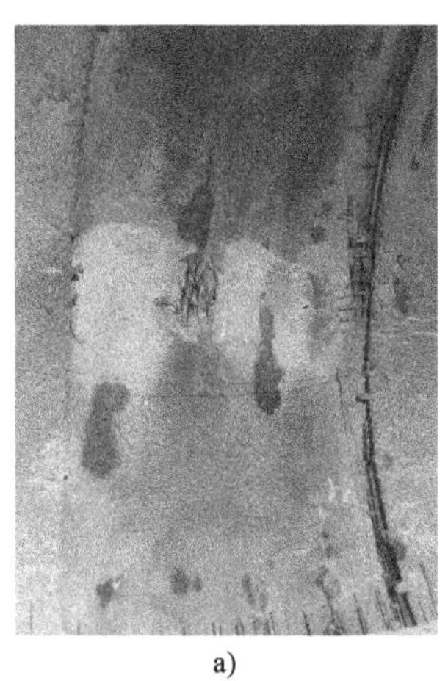

a)

b)

图 4-9　阳山隧道初期支护破坏形态

在以往的设计中格栅钢架的主要作用是提高初期支护在大偏心受压模式下的抗弯-拉性能,而依照现场实测得到的结论,初期支护结构多为小偏心受压,在此种条件下,以格栅钢架间距 1.0m、喷射混凝土厚度 20cm 为例,格栅钢架的弹性模量 E_g 与混凝土的弹性模量 E_h 之比 $E_g/E_h \approx 10$,考虑二者同步变形,格栅钢架的受力面积 A_g 与混凝土的受力面积 A_h 之比 $A_g/A_h \approx 0.0076$,则格栅钢架受力 N_g 与混凝土受力 N_h 之比 $N_g/N_h \approx 0.076$,因此格栅钢架为结构提供的抗压承载力非常小,仅占 7.6%。其作用主要是增加初期支护峰后的韧性,防范围岩压力超预期的风险。故格栅钢架的内外侧主筋在满足加工、运输和安装的要求下,可以进一步优化。

4.3　本章小结

本章基于现场实测研究了隧道初期支护的受力模式,并基于受力模式对格栅钢架进行了深入优化研究,将得到的研究成果归纳如下:

(1)现场试验中,标准设计、腹筋优化设计和综合优化设计格栅钢架在围岩收敛变形、格栅钢架钢筋应力及围岩-初期支护接触压力三个方面的监测数据都逐渐收敛,保持稳定,证明三者都能在Ⅴ级黄土围岩中与喷射混凝土形成有效初期支护,维持围岩及隧道洞室的稳定。

(2)现场试验中,从钢架应力、围岩收敛变形及围岩-初期支护接触压力三方面,腹筋优化设计和综合优化设计格栅钢架受力均比标准设计有利;优化设计工况从经济、人力及时间成本考虑,综合优化设计更能节省经济及人力物力成本,因此,较腹筋优化设计更优。

(3)现场试验中,三种工况试验段所测截面钢筋应力和弯矩均较小,初期支护截面处于小偏心受压状态,结合第2章模型试验初期支护结构的"X"形斜截面压剪破坏,证明格栅钢架初期支护的破坏是由混凝土极限强度控制的小偏心受压斜截面压剪破坏,格栅钢架只在峰后混凝土退出工作后,提供结构的残余承载力,保证结构一定的完整性和延性。

(4)现场试验中,综合优化、腹筋优化及标准设计工况格栅钢架试验段钢筋应力及应变都较小,表明初期支护受力较小,混凝土与钢筋都尚有足够承载富余,可考虑进一步优化设计。

第5章　结论与展望

5.1　格栅钢架构造参数优化

(1)在考虑围岩抗力作用下,减小靠围岩侧主筋配筋量,对构件极限承载力影响不大:构件承载能力变化量小于10%,且优化指数大于1.0。综合考虑结构承载能力及经济效益,适当地减小靠围岩侧主筋配筋量是可行且必要的。建议靠围岩侧主筋可由目前的双肢22mm优化为双肢16mm。

(2)由优化腹筋的结果可得,在不设置腹筋的极端情况下的构件承载能力与标准构件相比几乎相等,说明腹筋对结构极限承载能力的提高没有贡献;由空钢架试验可知,8mm腹筋形式格栅钢架承载能力较低、易变形,综合考虑10mm腹筋形式格栅钢架既能满足格栅钢架在加工、运输以及安装过程中的刚度需求,又能提供足够的承载能力,且具有较好的经济价值,故建议可将格栅钢架的腹筋直径由14mm减小为10mm。

(3)由优化焊缝的结果可知,主腹筋搭接焊缝长度的缩短对于结构极限承载能力没有明显影响,设计的3cm焊缝工况在试验中未出现破坏,因此该长度焊缝即能够满足要求。

(4)箍筋的有无在偏压受荷条件下对承载力提升并不显著,可根据现场实际情况合理选用。

(5)由全环格栅钢架的结果可进一步验证围岩的抗力作用(用限制结构径向向外位移模拟)对全环格栅钢架极限承载能力具有大幅度的提高作用。全环格栅钢架中腹筋直径、靠围岩侧主筋直径的减少和焊缝长度的减小,对构件极限承载能力影响不大。且由全环格栅钢架模型试验的破坏模式可以得出,在考虑围岩抗力的作用下,支护结构均由于边墙附近部位混凝土抗剪强度不足发生剪切破坏,并未出现弯拉破坏。

(6)现有格栅钢架的“8”字结设计形式以及主筋对提高初期支护抵抗斜截面压剪破坏的能力贡献不大,故可以对格栅钢架主腹筋直径或格栅钢架截面形式进行优化;从大量隧道格栅钢架应力的现场监控量测结果可以看出,初期支护格栅钢架及混凝土的受力很小,相比其材料极限强度有很高的富余度,且隧道初期支护普遍为小偏心受压结构，而对于小偏心受压的结构，其破坏类型主要为混凝土的斜截面压剪破坏，格栅钢架主筋及“8”字结对结构的峰值强度贡献很小，其设置的意义在于增加初期支护峰后的韧性；且对于初期支护这种少筋的结构形式，以格栅钢架间距1.0m，喷射混凝土厚度20cm为例，考虑格栅钢架与混凝土二者同步变形，格栅钢架的受力面积 A_g 与混凝土的受力面积 A_h 之比约为0.76%，则格栅钢架受力 N_g 与混凝土受力 N_h 之比为7.6%，格栅钢架贡献的承载力非常小，初期支护的极限强度由混凝土的抗压强度控制。

综合短构件和全环格栅钢架模型试验、数值模拟研究成果以及大量隧道现场量测分析结果，建议对格栅钢架进行如下优化：靠净空侧主筋直径优化为18mm，靠围岩侧主筋直径优化为14mm，腹筋直径优化为10mm，焊缝长度优化为3cm。

全环单线与双线断面综合优化后的钢材用量表如表5-1、表5-2所示。

全环单线断面综合优化钢材用量表　　表5-1

优化目的		工况名	构件质量(kg)	全环质量(kg)	钢材减少量(kg)	钢材减少百分比(%)	优化指数 I
短构件格栅钢架	标准构件	1-1	34.91	451.71	—	—	1.00
	腹筋	B-1	29.86	384.45	67.26	14.9	1.17
	焊缝长度	C-2	34.11	444.44	7.27	1.6	1.06
	主筋(靠围岩侧)	A-2	29.2	411.66	40.05	8.9	1.13
	有箍筋	D-1	35.92	460.89	-9.18	-2.0	0.92
	综合优化	—	23.35	333.90	117.81	26.1	1.36
	三肢三角撑	E-1	18.6	303.48	148.23	32.8	1.61
	四肢V字筋加X撑	F-1	25.79	368.83	82.88	18.3	1.41

全环双线断面综合优化钢材用量表　　表5-2

优化目的		工况名	构件质量(kg)	全环质量(kg)	钢材减少量(kg)	钢材减少百分比(%)	优化指数 I
全环格栅钢架	双向竖向加载横向约束	S-S-Y	—	632.04	—	—	1.00
	双线竖向加载横向无约束	S-S-W	—	632.04	—	—	1.00
	双线优化竖向加载横向约束	SY-S-Y	—	421.76	210.28	33.3	1.50

5.2 格栅钢架截面形式优化

(1)在结构构造参数优化试验基础上,可进一步优化靠围岩侧主筋,提出如前所述的三肢三角撑新格栅构造形式,试验及数值计算证明该种形式的格栅钢架相较于四肢"8"字结格栅承载能力有一定下降,但结合自身用钢量因素对比分析后发现其优化性能最高,可作为一种轻型格栅钢架在工程实践中加以应用。综合考虑受力性能及加工运输要求,三肢三角撑新型格栅钢架建议参数如下:靠净空侧主筋直径优化为18mm,靠围岩侧主筋直径优化为14mm,腹筋直径优化为12mm,焊缝长度优化为3cm。

(2)现有"8"字结的加工工序繁琐,且"8"字筋的存在易使得喷混不密实,出于减少加工工序、提高生产效率、改善结构受力性能的考虑,提出了一种新型的变腹(辅)筋构造形式的四肢V字结格栅钢架,并且通过试验验证了该种格栅钢架具有较高的承载能力,可作为一种新型格栅钢架在工程实践中加以应用。综合考虑受力性能及加工运输要求,四肢V字结新型格栅钢架建议参数如下:靠净空侧主筋直径优化为18mm,靠围岩侧主筋直径优化为14mm,腹筋直径(V字筋)优化为10mm,"X"形连接筋直径为12mm,焊缝长度优化为3cm。

综上,提出的三肢三角撑轻型格栅钢架可用于岩质隧道;四肢V字结新型格栅钢架可更多应用于对承载能力有较高要求的土质隧道中。对于目前广泛使用的四肢"8"字结格栅钢架,建议在采用我方试验优化结果的基础上进行重新设计。

参考文献

[1] Braun W M. Lattice girders offer econermy and performance for tunnel support [J]. Tunnels & Tunnelling, 1983, 15:19.

[2] Baumann T H, Betale M, Investigation of the performance of lattice girders in tunnelling[J]. Rock mechanics & Rock Engineering, 1984, 17:67.

[3] Betzle M. Lattice girders giving arches a dig in the ribs[J]. Tunnels & Tunnelling, 1987, 19:53.

[4] Betzle M. Analyse statique et application de cadres relicules utilises en chantiers de tunnels[J]. Tunnelset Ouverages Souterrains, 1988, 86:93.

[5] Nomikos P P, Sofianos A I, Sakkas K M, et al. Nonlinear simulation of lattice girder segment tests[J]. Tunnelling & Underground Space Technology Incorporating Trenchless Technology Research, 2013, 38(9):180.

[6] Kim S, Han T H, Baek J S, et al. Evaluation of the structural performance of tetragonal lattice girders[J]. International Journal of Steel Structures, 2013, 13(1):31.

[7] 仇文革. 格栅支撑的设计方法研究[D]. 成都:西南交通大学,1990.

[8] 何林生. 地下工程格栅支护试验研究[D]. 成都:西南交通大学,1990.

[9] 麦倜曾,翁汉民,仇文革. 西坪隧道格栅支撑的试验研究报告[C]//中国土木工程学会隧道及地下工程学会第五届年会论文集. 北京:西南交通大学,1988:321-326.

[10] 何川. 隧道工程格栅支撑检算方法[J]. 铁道学报,1990,12:66.

[11] 仇文革. 基于与围岩交互作用机理的格栅支撑特征曲线设计法[J]. 西南交通大学学报,1996,31(6):640-645.

[12] 李洪泉,杨成永,徐明新,等. 隧道格栅钢架喷射混凝土支护安全性评价[J]. 岩石力学与工程学报,2009,28(2):3903.

[13] 张顶立,陈峰宾,房倩. 隧道初期支护结构受力特性及适用性研究[J]. 工程力学, 2014 (7):78.

[14] 张德华,刘士海,任少强. 高地应力软岩隧道中型钢与格栅支护适应性现场对比试验研究[J]. 岩石力学与工程学报,2014,33(11):2258.

[15] 于富才,张顶立,房倩,等. 高强钢筋格栅混凝土复合支护特性的试验研究[J]. 土木工程学报,2015,48(09):104.

[16] 龚铖. 隧道四肢8字结格栅钢架优化试验研究[D]. 成都:西南交通大学,2017.

[17] Qiu W, Lu F, Wang G, et al. Evaluation of mechanical performance and optimization design for lattice girders[J]. Tunnelling and Underground Space Technology, 2019, 87:100-111.